Inhaltsverzeichnis

Vorwort

Liebe Erzieher*innen,

Was für ein Glück! Der Bär findet im Wald drei Pilze. Er bringt sie schnell nach Hause. Dort brät das Wiesel die Pilze und würzt sie lecker, während der Bär den Tisch deckt. Dann kann das Essen ja beginnen! Aber wie teilt man denn drei Pilze unter zwei hungrigen Mäulern auf?

Und so kann aus einer Freude schnell ein Dilemma werden, denn jeder will natürlich den dritten Pilz für sich. Jedes der beiden Tiere weiß auch ganz genau, warum es ihn viel mehr verdient als der Andere. Die Worte fliegen nur so hin und her. Doch wenn zwei sich streiten, freut sich ja bekanntlich der Dritte …

Und während der Bär und das Wiesel immer hitziger diskutieren, stellt sich auch den kleinen Lesern die Frage, was denn nun gerecht wäre. Mit viel Charme und Witz zeigt das Bilderbuch „Zwei für mich, einer für dich“ eine Situation aus dem alltäglichen Leben und lädt die Kinder zum Nachdenken und Weitererzählen ein. So kann sich kindgerecht und mit Spaß mit den großen Themen „Gerechtigkeit“, „Streit“ und „Teilen“ befasst werden.

Das Literacy-Projekt bietet Ihnen zu diesen Themen passende Materialien, um mit den Kindern in dieses fantastische Bilderbuch einzutauchen. Außerdem werden in dem Heft weitere Inhalte wie „Essen“, „Bei Tisch“, „Tiere im Wald“, „Arbeitsteilung“ und „Freundschaft“ aufgegriffen.

Ich wünsche Ihnen viel Freude bei dem Literacy-Projekt und dem Philosophieren mit den Kindern!

Ihre

Lara Keste

Hinweis: Liebe Fachkraft, wir möchten in unseren Materialien niemanden benachteiligen oder diskriminieren. Daher nutzen wir unter anderem das Gendersternchen, um alle Geschlechter anzusprechen. Im Folgenden verzichten wir jedoch aus Gründen der besseren Lesbarkeit darauf und nutzen weiterhin entweder die „neutrale“ Form oder Doppelformen. Selbstverständlich sind stets alle Geschlechter gemeint.

Vorbemerkungen und Arbeitshinweise

Zu den verwendeten Symbolen

Bildungsbereiche (jeweils das äußerste Symbol oben rechts auf den Arbeitsblättern):

 Literacy

Mathematische Bildung

 Musik

 Wahrnehmung und Entspannung

 Ästhetische Erziehung

 Körpererfahrung und Bewegung

 Umwelt-, Sach- und Naturbegegnung

 Sozial-emotionale Bildung

 Gesundheit und Ernährung

Sonstige Symbole:

 für unter 3-Jährige geeignet

 geeignet für die Begabtenförderung

Layout:

Die Seiten mit der Gabel im Layout unten rechts sind für Sie gedacht.

Die Seiten mit dem Pilz unten rechts sind Arbeitsblätter, die direkt mit den Kindern bearbeitet werden können.

Allgemeine Hinweise zur Organisation und Durchführung

Was ist Literacy?

Der Begriff *Literacy* beinhaltet sowohl die Lese- und Schreibfähigkeiten als auch das Verstehen von Texten und ihrem Sinn, den Satzbau und die Fähigkeit, selbst zu erzählen (Aussprache und Wortschatz). Der Umgang mit Bilderbüchern bildet hier einen wichtigen Ausgangspunkt. So werden das Interesse an Büchern und die Liebe zum (Selbst-)Lesen geweckt sowie die Freude der Kinder an Geschichten gefördert. Gleichzeitig werden Textverständnis, Konzentration und Merkfähigkeit geübt. Wissenschaftliche Untersuchungen zeigen, dass vielfältige Spracherfahrungen in der frühen Kindheit zu besseren Schreib-, Lese- und Sprachkompetenzen führen. Wichtig ist dabei, dass die Erzieherin ein dialogisches Lesen fördert, bei dem die Kinder Gegenstände benennen oder die Handlung nachvollziehen können. So werden das freie Erzählen, das Vorlesen und das Nacherzählen ebenfalls gefördert. Eine Leseecke, in die sich das Kind allein zurückziehen kann, regt es zur Auseinandersetzung mit Bilderbüchern an.

Tipps zum Vorlesen:

Für das Vorlesen und Selbstlesen von Büchern ist ein Raum geeignet, der wenig Ablenkung bietet. Spielzeug und eine zu bunte Wandgestaltung lenken ab, eine gemütliche Ecke mit Kissen, angenehmem Licht und Objekten, die zu der Geschichte gehören, laden die Kinder ein und bündeln ihre Aufmerksamkeit beim Buch. Nach Möglichkeit können Sie die Seiten des Bilderbuches farbig einscannen und mit einem Beamer in einem abgedunkelten Raum an eine Wand projizieren. So ein Bilderbuchkino lenkt die Aufmerksamkeit der Kinder noch einmal besonders auf das Buch. Wenn Sie als Fachkraft nicht genügend Zeit oder Muße zum Vorlesen haben, können Sie Eltern oder Großeltern als Vorlesepaten gewinnen. Beim Lesen sollten Sie konzentriert und ruhig sein und sich nicht noch um weitere Dinge kümmern müssen. Ermutigen Sie auch die Eltern dazu, zu Hause mit ihren Kindern zu lesen!

Achten Sie beim Vorlesen auf folgende Dinge:

- Suchen Sie immer wieder den Blickkontakt zu dem Kind / den Kindern. An ihrem Gesichtsausdruck erkennen Sie, ob die Kinder den Text verstehen und ob sich Fragen ergeben haben.
- Wenn die Kinder Fragen haben, sollten Sie diese sofort klären. Sonst lässt die Aufmerksamkeit der Kinder nach und sie sind in Gedanken bei ihrer Frage. Auch könnten sie das Interesse an der Geschichte verlieren oder Ängste entwickeln.
- Lesen Sie dialogisch, stellen Sie Fragen oder lassen Sie die Kinder mitmachen. Was gefällt den Kindern an der Geschichte? Was sehen sie auf der Seite? Was interessiert sie noch an dem Bild? So fördern Sie gleichzeitig das Sprachvermögen der Kinder und ihre Freude am Buch.
- Lesen Sie das Buch mit Gefühl, also mit Freude, Wut, Trauer oder Spannung in der Stimme. Dies ermöglicht den Kindern ein Mitempfinden und intensiviert das Bucherlebnis. Auch ein Lesen mit verteilten Rollen, also unterschiedlichen Stimmlagen, kann den Kindern viel Spaß bereiten und zur Klärung des Textes beitragen. So erhalten und halten Sie die Aufmerksamkeit der Kinder beim Buch.
- Sprechen Sie nach dem Vorlesen mit den Kindern über das Gehörte. Stellen Sie Fragen und beantworten Sie die Fragen der Kinder. Lassen Sie die Kinder einzelne Passagen nacherzählen. So wird das Gehörte wiederholt und gefestigt. Zudem merken Sie, was die Kinder verstanden haben.

Themavertiefung im Freispiel / in der Leseecke:

Gestalten Sie mit den Kindern eine Ecke des Gruppenraumes zur Leseecke um. Hier sollten gemütliche Kissen liegen und eine angenehme Beleuchtung sollte vorherrschen. Außerdem können hier die Bastelarbeiten aus dem Projekt aufgehängt oder zum Buch passende Materialien bereitgestellt werden. Im Freispiel wird den Kindern zusätzlich die Möglichkeit gegeben, das Gehörte nachzuspielen. Unterstützen Sie die Kinder, indem Sie auch hier passende Materialien bereitstellen. Eine Verkleidungskiste kann ebenfalls von Nutzen sein.

Regeln im Umgang mit Büchern:

- Mit Büchern geht man vorsichtig und pfleglich um. Zum Lesen setzt man sich hin.
- Vor dem Toben oder Spielen werden die Bücher ins Regal oder in die Bücherkiste geräumt.
- Die Seiten des Buches werden nicht mit der Hand, sondern mit den Fingern umgeblättert.
- In ein Buch darf man nicht malen, schneiden, reißen oder kleben.
- Wenn das Buch doch einmal kaputtgeht, sagt man sofort der Erzieherin Bescheid.

Erstellen eines Portfolios:

Fertigen Sie gemeinsam mit den Kindern Portfolios an. Jedes Kind sammelt in einem Ordner oder Schnellhefter alle Bilder, Bastelarbeiten, Fotos und Arbeitsblätter zu diesem Projekt. So wird dokumentiert, was während des Projekts gemacht wurde, schöne Erlebnisse bleiben bewahrt und das Können der Kinder wird auch für diese selbst nachvollziehbar. Wenn eine Auswahl besteht, besprechen Sie evtl. mit den Kindern, welche Ergebnisse besonders gut einen Lernerfolg zeigen. So lernen die Kinder, sich selbst besser einzuschätzen. Für die individuelle Dokumentation wird ein Deckblatt passend zum Thema erstellt. Nach Abschluss des Projektes kann jedes Kind sein Portfolio mit nach Hause nehmen.

Tipps und Anregungen zu den einzelnen Angeboten

Zu „Einstieg in die Geschichte", S. 6:
Dieses Angebot sollten Sie als Erstes mit den Kindern wahrnehmen. Nehmen Sie sich genügend Zeit hierfür. Mit den vorgeschlagenen kindgerechten Fragen und Sprechanlässen können Sie die Kinder dabei begleiten, sich intensiv mit der Geschichte zu befassen. Treten Sie in ein dialogisches Lesen mit den Kindern. Die Kinder sollen selbst ins Sprechen kommen und ihre eigenen Interessen, Ideen und Fragen einbringen. Das Erzählte der Kinder sollte immer ernstgenommen und wertgeschätzt werden, um so die Kinder zum Sprechen zu motivieren. Bringen Sie die Kinder auch gerne zum Lachen bei den Gesprächen, indem Sie zum Beispiel Quatschfragen stellen oder indem Sie einen Ausruf wie „Oje", „Auweia", „Huch" oder Ähnliches vor die Fragen setzen. Je lockerer die Erzählatmosphäre wird, desto begeisterter werden die Kinder mitmachen.

Zu „Bär ist auf dem Heimweg", S. 10:
Bei dem Thema „Heimweg" können Sie zusammen mit den Kindern auch über ihren eigenen Heimweg sprechen. Wo laufen sie entlang, an welchen Orten kommen sie vorbei und was ist ihnen dabei schon einmal aufgefallen? Schauen Sie mit den älteren Kindern auch gerne auf eine Karte und verfolgen Sie den Heimweg gemeinsam.

Zu „Einen Aufgabenplan erstellen", S. 16:
Der Aufgabenplan kann auch mit einer Magnetpinnwand erstellt werden. Auch ein Essensplan in dieser Form ist denkbar, bei dem die Kinder nachverfolgen können, welches Essen es gibt und auf dem sie eigene Wünsche äußern können. So eine für die Kinder einsehbare Planung kann zum Beispiel auch die Eingewöhnung sehr erleichtern, insbesondere für DaZ-Kinder. Die Kinder sollten ihren Kita-Alltag dabei mitbestimmen dürfen, um so ihre Eigenständigkeit und Selbstwirksamkeit zu fördern und einen Grundstein in ihrer Demokratiebildung zu legen. Dazu gehört auch, dass sie ihr Foto für den Aufgabenplan selbst erstellen bzw. auswählen dürfen.

Zu „Meine Leib- und Magenspeise", S. 22:
Jeden Tag kann eines der Lieblingsgerichte der Kinder in der Kita gekocht werden. Das wird besonders spannend, wenn die Kinder dabei auch Gerichte aus anderen Kulturen kennenlernen können. Hierbei bietet es sich an, die Eltern zu involvieren. Diese können die Gerichte mit den Kindern zusammen kochen oder auch die fertigen Gerichte vorbeibringen.

Zu den Rezepten, ab S. 28:
Bitte achten Sie auf etwaige **Lebensmittelunverträglichkeiten** der Kinder!

Zu „Tiere im Wald", S. 35:

3	4	1	1	2

Zu „Die Freude am Teilen", S. 41:
Geben Sie den Eltern vorher über den *Tag des Teilens* Bescheid, sodass sie zusammen mit ihren Kindern etwas heraussuchen können. Lassen Sie die Kinder an der Planung des Tages teilhaben und berücksichtigen Sie dabei die Wünsche und vielleicht auch Sorgen der Kinder.

Zu „Streit lösen", S. 43:
Streit ist an sich nichts Negatives. Konstruktiv einen Streit zu lösen, ist eine wichtige Fähigkeit und bringt auch Positives, nämlich eine Veränderung oder Entwicklung, mit der beide Parteien hoffentlich zufriedener sind. Aber Streiten will gelernt sein. Und nur durch Übung können die Kinder lernen, ihre eigene Meinung und ihre Bedürfnisse zu vertreten sowie Konflikte selbstständig zu lösen. Lassen Sie die Kinder also am besten üben, auch wenn es zunächst Unruhe bringt oder unangenehm ist.

Einstieg in die Geschichte (1) (ab 2 Jahren)

Material:
Bilderbuch „Zwei für mich, einer für dich“

Arbeitsanleitung:

1. Lesen Sie den Kindern das Buch einmal ganz vor. Zeigen Sie ihnen dabei jede Doppelseite.
2. Lassen Sie die Kinder Fragen stellen.
3. Gehen Sie dann alle Doppelseiten nacheinander durch und sprechen Sie mit den Kindern über die jeweilige Doppelseite, die gerade von Ihnen gezeigt wird. Dabei können die Kinder zunächst immer damit anfangen, was sie auf dem Bild sehen. So kann der Wortschatz der Kinder eingeschätzt und auch direkt erweitert werden.

Mögliche Sprechanlässe und Fragen können hierbei sein:

1. Doppelseite: Wo befindet sich der Bär wohl? Wo möchte Bär hinlaufen? Was denkt ihr, woher er kommt? Wie viele Pilze findet er? Was trägt der Bär bei sich? Was macht die Maus da?

2. Doppelseite: Was könnt ihr alles in der Küche entdecken? Wie bereitet das Wiesel die Pilze zu? Meint ihr, es ist viel Arbeit, die Pilze zu schmoren? Was macht Bär, während das Wiesel kocht? Freuen sich die beiden auf das Essen?

3. Doppelseite: Was halten der Bär und das Wiesel in der Hand? Wie verteilt der Bär die Pilze? Warum meint Bär, dass er zwei Pilze kriegen sollte? Wie findet das Wiesel das wohl? Findet ihr das gerecht? Wie hättet ihr die Pilze verteilt? Was könnte unter dem Tuch auf der Kommode versteckt sein?

4. Doppelseite: Was macht das Wiesel auf dem Bild? Warum meint das Wiesel, dass es zwei Pilze essen darf? Wie guckt der Bär? Ist die Verteilung so gerechter? Was fandet ihr schon einmal ungerecht, was euch passiert ist?

5. Doppelseite: Was passiert auf dem Bild? Welche Gründe nennen der Bär und das Wiesel jetzt? Wer sollte die zwei Pilze bekommen? Könnt ihr noch ein weiteres Tier im Bild entdecken?

6. Doppelseite: Wie gucken der Bär und das Wiesel jetzt? Was meint ihr, wie sich die beiden nun fühlen? Stimmt ihr dem Wiesel oder dem Bären zu? Entdeckt ihr wieder den Fuchs?

7. Doppelseite: Glaubt ihr, dass ein Magen wirklich heiser werden kann? Was passiert mit dem vorher ordentlich gedeckten Tisch? Huch, was machen die beiden mit ihren Gabeln? Warum steht das Wiesel auf seinem Stuhl?

8. Doppelseite: Wo sind die drei Pilze? Oje, der Streit wird immer hitziger. Woran könnt ihr das erkennen? Hattet ihr auch schon einmal so einen Streit? Meint das Wiesel es ernst, dass der Bär dann nicht mehr sein Freund ist? Könntet ihr euch eine friedliche Lösung vorstellen? Was meint ihr, was nun passiert?

9. Doppelseite: Auweia, was macht der Fuchs denn da? Wie finden der Bär und das Wiesel das wohl? Ist es richtig, was der Fuchs macht?

Einstieg in die Geschichte (2) (ab 2 Jahren)

10. Doppelseite: Streiten sich der Bär und das Wiesel weiter? Warum streiten sie nicht mehr? Warum finden die beiden es ungerecht, dass Fuchs den Pilz gegessen hat? Sieht der Fuchs schuldbewusst aus? Welche Möbelstücke seht ihr?

11. Doppelseite: Wie fühlen sich die beiden jetzt wohl? Wie schmecken ihnen die Pilze? Meint ihr, die beiden haben sich wieder vertragen?

12. Doppelseite: Worüber freuen sich der Bär und das Wiesel? Woran erkennt man, dass sie sich freuen? Wie viele Beeren liegen in der Schale? Was glaubt ihr, wie geht die Geschichte weiter?

Bilderbuch-Erzähler (ab 3 Jahren)

Material:
Bilderbuch „Zwei für mich, einer für dich“, Stift, Papier, evtl. ein Audioaufnahmegerät oder ein Anybook-Stift (für weitere Informationen: *https://anybookreader.de/*)

Arbeitsanleitung:
Dieses Angebot sollte kurz nach dem Vorlesen der Geschichte durchgeführt werden, wenn sie den Kindern noch gut im Gedächtnis ist.

Zeigen Sie den Kindern die erste Doppelseite. Wissen sie noch, was hier passiert ist? Die Kinder tragen zusammen, an was sie sich erinnern. Dabei können Sie etwas Hilfestellung geben. Wenn Sie diese in Form von offenen Fragen geben, die lediglich in die richtige Richtung lenken, ist das Erfolgserlebnis der Kinder größer. Lassen Sie so die Kinder nach und nach die Geschichte wiedergeben. Schreiben Sie das Gesagte der Kinder mit, um so ihren eigenen Erzähltext und ihr eigenes Verständnis der Geschichte festzuhalten.

Im Anschluss können Sie die Geschichte, so wie die Kinder sie wiedergegeben haben, aufnehmen. Lassen Sie nach jeder Doppelseite ausreichend Pause, um den Kindern später beim Anhören Zeit zum Umblättern zu geben. Dazu eignet sich auch gut der Anybook-Stift. Die Aufnahme können Sie dann mit dem Bilderbuch abspielbereit in die Leseecke legen, sodass die Kinder die Geschichte immer wieder erleben können. Die Kinder können die Erzählung mit Ihrer Hilfe auch selbst einsprechen.

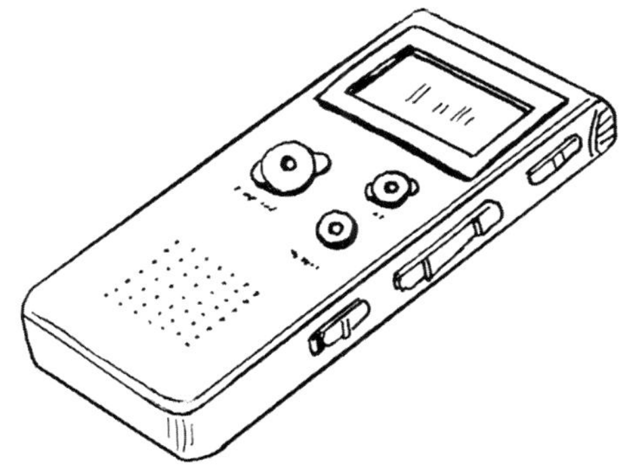

Wie es weitergeht ... (ab 3 Jahren)

Material:
Bilderbuch „Zwei für mich, einer für dich“, Papier, Buntstifte

Arbeitsanleitung:

1. Zeigen Sie den Kindern noch einmal die Doppelseite, in der Wiesel die drei Walderdbeeren aufdeckt. Rufen Sie ihnen in Erinnerung, wie sich der Bär und das Wiesel über die Pilze gestritten haben und dass das Wiesel jetzt die Walderdbeeren austeilt. Fragen Sie die Kinder, wie die Geschichte weitergeht.
2. Die Kinder dürfen nun etwas überlegen und wer mag, kann seine Idee in der Gruppe erzählen. Hier können die Kinder ihrer Fantasie freien Lauf lassen, auch wenn es in eine ganz andere Richtung geht, als das Buch es andeutet. Wenn die Kinder sich schwertun, können Sie ihnen Fragen zur Inspiration stellen, zum Beispiel: „Wie wird das Wiesel die Walderdbeeren verteilen?“, „Werden sich die beiden um die Beeren streiten?“ oder „Kommt noch ein anderes Tier dazu?“
3. Anschließend können die Kinder ihre Fortsetzung der Geschichte aufmalen.

Tipp: Vielleicht können sich die Kinder ja auf eine Fortsetzung einigen und diese an ihre Aufnahme aus „Bilderbuch-Erzähler“ (s. S. 7) anfügen.

Ich sehe was, was du nicht siehst! (für 4 Kinder, ab 3 Jahren)

Material:
Bilderbuch „Zwei für mich, einer für dich“

Spielanleitung:

1. Setzen Sie sich mit den Kindern in einen Kreis und legen Sie das Buch zwischen sie, sodass sie es gut sehen können.
2. Erklären Sie ggf. die Spielregeln von „Ich sehe was, was du nicht siehst“. Doch diesmal werden nur Tiere, Pflanzen oder Gegenstände aus dem Bilderbuch gesucht.
3. Schlagen Sie dann die erste Doppelseite auf. Beginnen Sie mit dem Satz „Ich sehe was, was du nicht siehst, und das ist ...“ und nennen Sie die entsprechende Farbe des ausgewählten Objektes.
   Bei jüngeren Kindern können Sie auch genauere Beschreibungen geben wie: „Ich sehe was, was du nicht siehst, und das ist braun, ganz klein und hat runde Ohren.“ Wurde das Gesuchte von einem Kind benannt, am besten auch mit dem richtigen Artikel, wird die nächste Doppelseite aufgeschlagen und das Ganze wiederholt.
4. Nach einigen Seiten führen die Kinder das Spiel alleine fort. Wer die richtige Antwort gibt, ist dann selbst an der Reihe.

Viel Spaß!

Tipp:
Das Spiel eignet sich auch gut, um Präpositionen zu üben. Die gesuchten Tiere, Pflanzen oder Gegenstände werden also über ihre Position beschrieben, zum Beispiel: „Ich sehe was, was du nicht siehst, und das sitzt auf einem Baumstumpf.“

Finde die Unterschiede (ab 3 Jahren)

Material:
Bilderbuch „Zwei für mich, einer für dich“, 1 Kopierer, ggf. 1 Scanner und 1 Beamer, Buntstifte

Vorbereitung:
Kopieren Sie für jedes Kind die ersten beiden und die letzten beiden Seiten aus dem Bilderbuch, die noch vor bzw. nach dem Text kommen. Alternativ scannen Sie die beiden Doppelseiten ein und stellen den Beamer auf, um die Bilder mit allen Kindern zusammen anzuschauen.

Spielanleitung:
1. Teilen Sie die erste Doppelseite aus und schauen Sie sich diese gemeinsam mit den Kindern an. Welche Tiere können sie entdecken? Was machen die Tiere?
2. Teilen Sie dann die zweite Doppelseite aus. Können die Kinder die Unterschiede erkennen? Welche Tiere können sie jetzt finden? Wo sind sie und was machen sie? Die Kinder kreisen die Unterschiede ein.
3. Alternativ zeigen Sie die beiden Bilder über den Beamer und finden mit allen Kindern gemeinsam die Unterschiede.

Von A bis Z durch das Bilderbuch (für bis zu 3 Kinder, ab 4 Jahren)

Material:
Bilderbuch „Zwei für mich, einer für dich“, Papier, 1 Stift, ggf. Lupen, kleine Gegenstände (z. B. Holzperlen)

Arbeitsanleitung:
Die Kinder bekommen das Bilderbuch. Nun können Sie den Kindern verschiedene Suchaufträge im Buch geben, je nach Können der Kinder:

- Kleinere Kinder suchen einen Gegenstand oder einen Buchstaben, den Sie vorher groß aufschreiben. Prüfen Sie vorher, ob es diesen Buchstaben auch in dem Buch gibt.
- Ältere Kinder suchen ein Wort, dass Sie vorher aufschreiben und ihnen zeigen.
- Um es noch etwas schwieriger zu gestalten, können die Vorschulkinder versuchen zu zählen, wie oft ein Wort im Buch vorkommt. Zum Zählen kann eine Strichliste geführt werden. Alternativ legen die Kinder pro Wort einen kleinen Gegenstand wie eine Holzperle neben das Buch und zählen sie am Ende. So werden auch die Zahlen geübt.

Mit dieser Übung machen sich die Kinder bereits mit den Buchstaben und Buchstabenkombinationen vertraut. Für die Suche können die Kinder auch eine Lupe zu Hilfe nehmen.

Bär ist auf dem Heimweg (ab 4 Jahren)

Bär ist auf dem Heimweg. ✏ Spure die Linien nach.
Finde den Weg nach Hause.

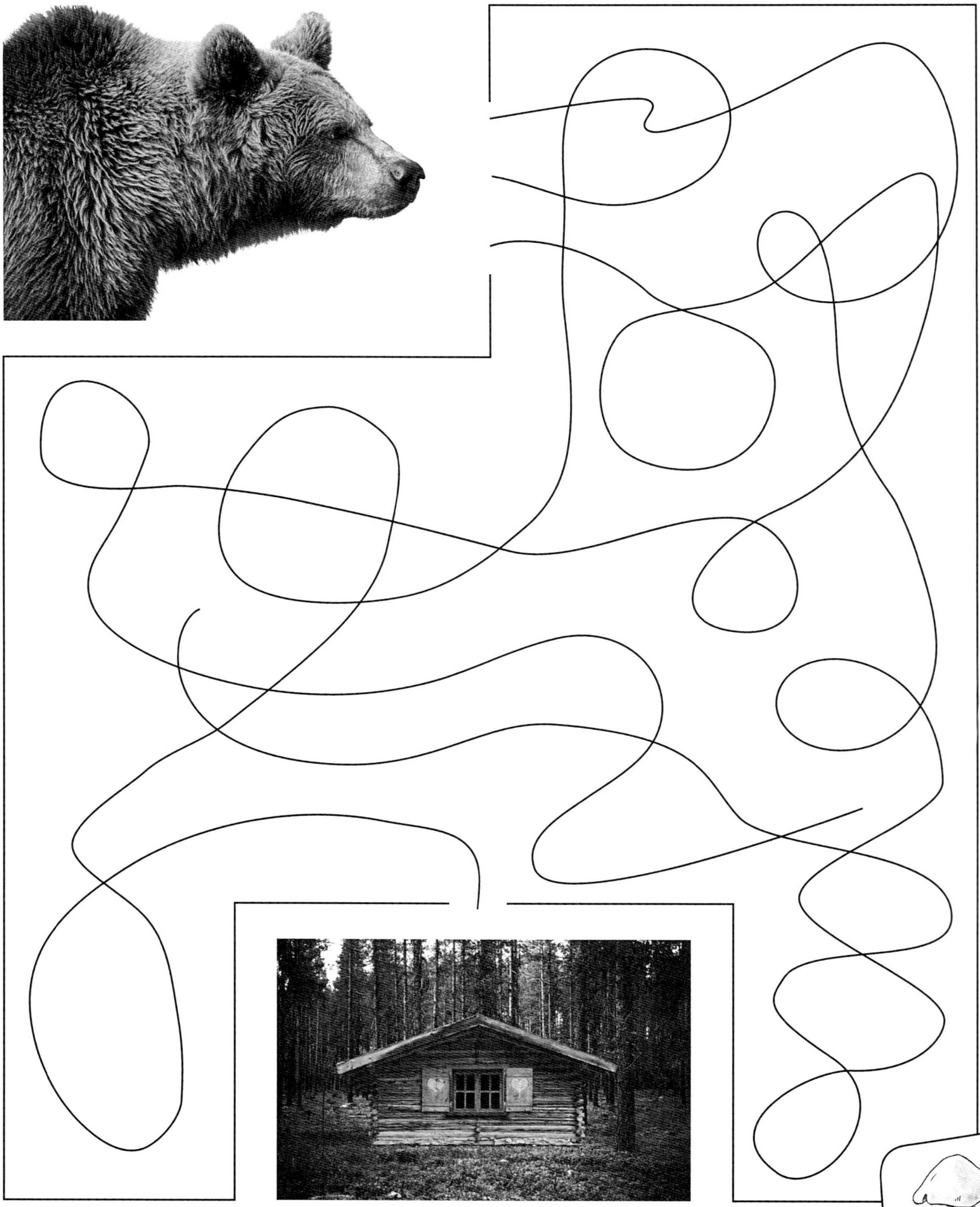

Fingerspiel „Der Bär und das Wiesel“ (ab 3 Jahren)

Tief im Wald, da läuft der Bär,	*Handfläche nach oben ausstrecken, mit dem Zeige- und Mittelfinger der anderen Hand darüberlaufen.*
findet drei Pilze und freut sich sehr!	*Drei Finger hochhalten und dann Daumen hoch zeigen.*
Bringt sie zum Wiesel schnell nach Haus,	*Mit den beiden Händen ein Dach über dem Kopf formen.*
das wird ein feiner Gaumenschmaus!	*Mit einer Hand über den Bauch streichen.*
In der Pfanne brutzeln sie,	*Eine Hand mit der Handfläche nach oben halten, mit den Fingern der anderen Hand darauf tippen wie Regen.*
duften so gut wie nie.	*Mit einer Hand Luft zur Nase fächeln und genüsslich einatmen.*
Bär und Wiesel setzen sich gegenüber,	*Hände ineinander verschränken und die Daumen hochstrecken.*
und schon geht es drunter und drüber.	*Die Daumen abwechselnd übereinanderlegen.*
Ein Pilz vor Wiesel, zwei vor dem Bär,	*Zwei Finger hochhalten.*
das findet Wiesel gar nicht fair.	*Den Zeigefinger hochhalten und damit hin und her wackeln, dabei den Kopf schütteln.*
Und während sich die beiden streiten,	*Die Hände vor den Körper halten und zu Fäusten ballen.*
da isst der Fuchs vom Bär den zweiten!	*Mit spitzen Fingern so tun, als würde man den Pilz aufnehmen, zum Mund führen und essen.*

Was gehört in die Küche? (ab 4 Jahren)

Material:
Bildkarten „Was gehört in die Küche?“ (s. S. 13 – 15), evtl. Buntstifte, 1 Schere, 1 Laminiergerät und -folie, Bilderbuch „Zwei für mich, einer für dich“, ggf. Papier

Vorbereitung:
Kopieren Sie die Bildkarten „Was gehört in die Küche?“ und schneiden Sie diese aus. Sie können die Karten gerne mit den Kindern zusammen bemalen und dabei schon unbekannte Gegenstände und Bezeichnungen klären. Laminieren Sie anschließend die Bildkarten.

Arbeitsanleitung:
1. Stellen Sie noch einmal den Bezug zum Buch her und zeigen Sie die zweite Doppelseite, auf der man die Küche sieht. Lassen Sie die Kinder die Gegenstände von den Bildkarten im Buch entdecken. Wissen sie auch schon, wofür man die Dinge braucht?
2. Jetzt sortieren die Kinder die Gegenstände von den Bildkarten: Was davon gehört in eine Küche, was nicht? Vielleicht finden Sie oder die Kinder anschließend noch mehr Kategorien zum Sortieren, zum Beispiel was man zum Braten braucht.
3. Spielen Sie danach mit den Kindern eines oder mehrere der Spiele mit den Bildkarten.

Spielvarianten:

Schwarzer Peter
Spielen Sie mit den Kindern „Schwarzer Peter“ nach den klassischen Regeln. Kopieren Sie die Bildkarten mit den richtigen Gegenständen dafür pro Spiel zwei Mal. Legen Sie eine Karte mit einem falschen Gegenstand in das Spiel. Das wird der „Schwarze Peter“. Wenn die Kinder ein Pärchen ablegen, benennen sie noch einmal den Gegenstand.

Memo-Spiel
Kopieren Sie hierfür alle Bildkarten doppelt. Schon kann damit ein klassisches Memo-Spiel gespielt werden. Animieren Sie die Kinder, die Gegenstände beim Aufdecken zu benennen.

Wörterraten
Alle Bildkarten werden gemischt und verdeckt hingelegt. Ein Kind zieht eine Karte, sodass die anderen sie nicht sehen können. Das Kind darf sich dann aussuchen, ob es das Bild auf der Karte nachzeichnen oder den Begriff erklären möchte, natürlich ohne das Wort zu benutzen. Die anderen Kinder versuchen, den Begriff zu erraten. Das Kind, welches den richtigen Begriff erraten hat, darf dann die nächste Karte ziehen.

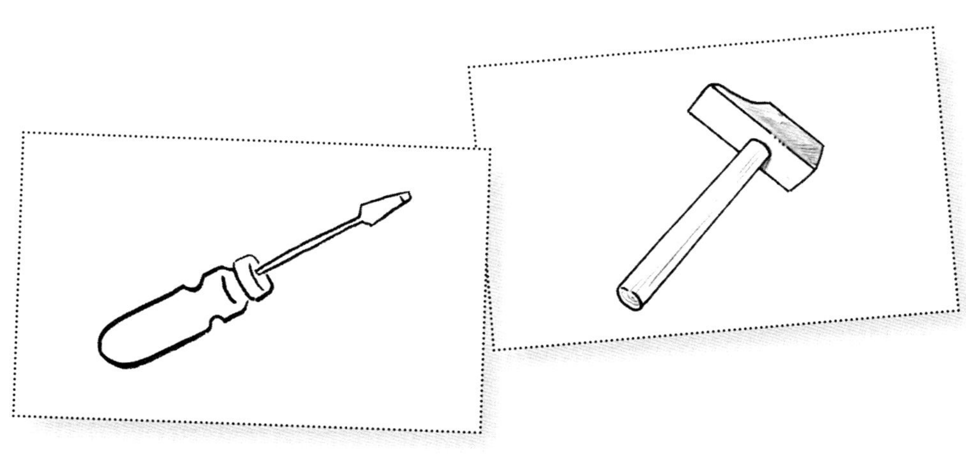

Bildkarten „Was gehört in die Küche?“ – falsche Gegenstände (1)

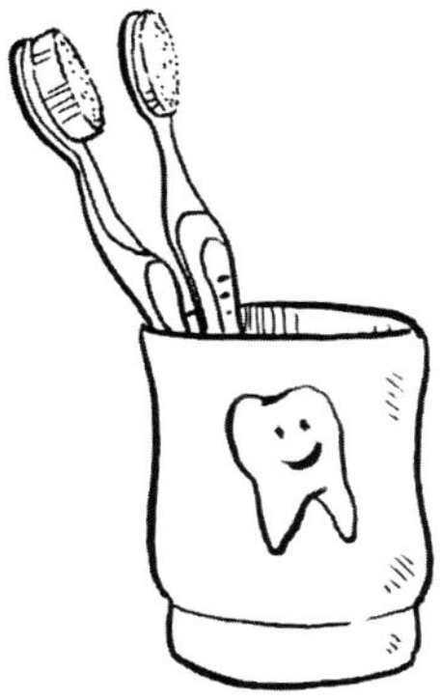

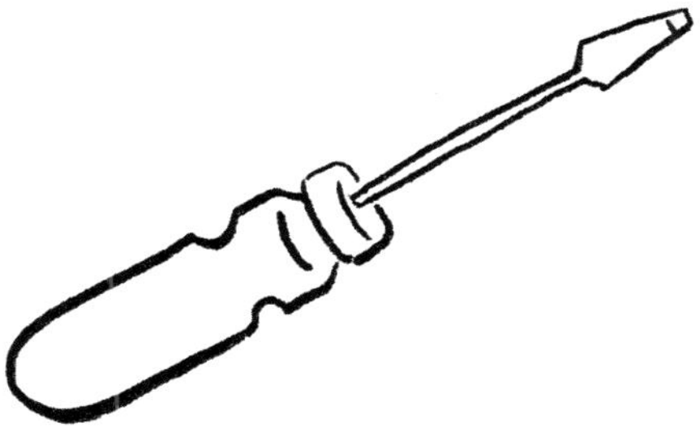

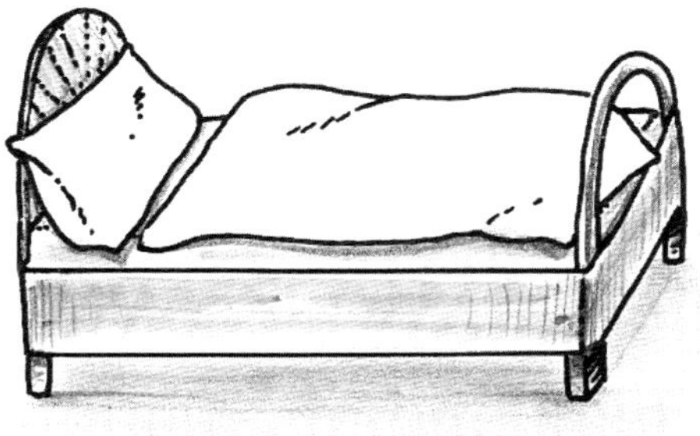

Bildkarten „Was gehört in die Küche“ – richtige Gegenstände (2)

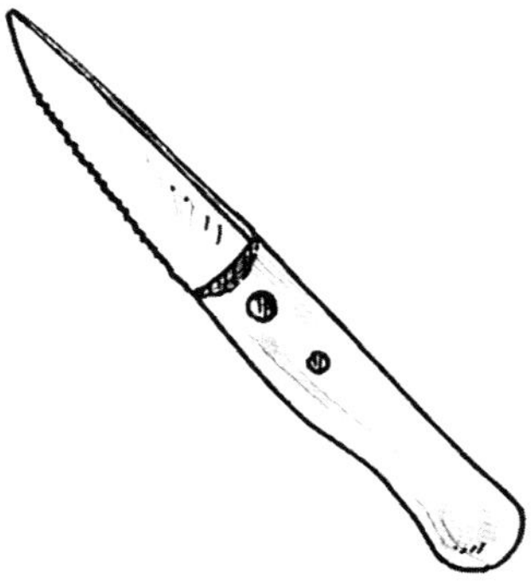

Bildkarten „Was gehört in die Küche“ – richtige Gegenstände (3)

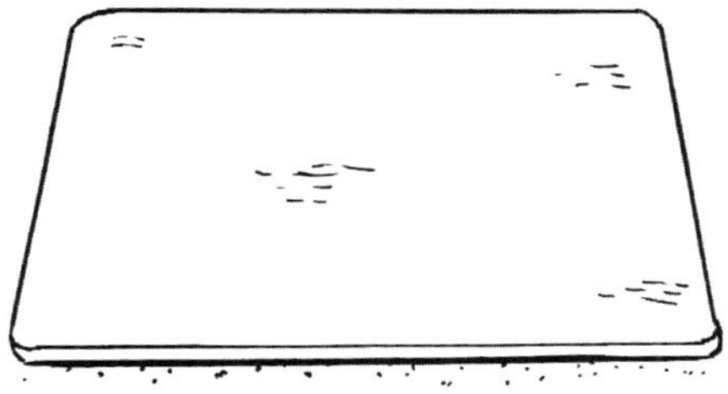

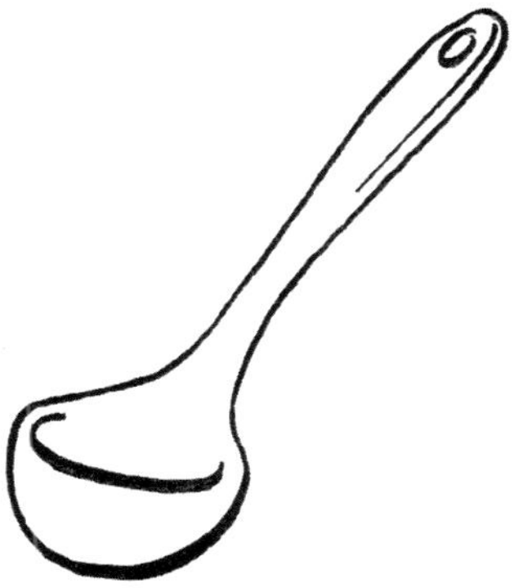

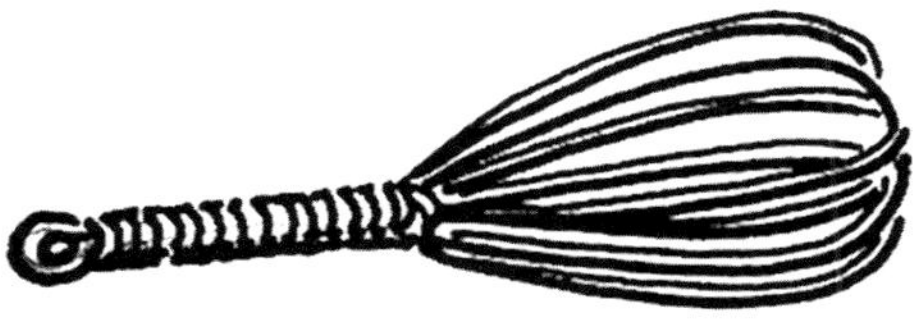

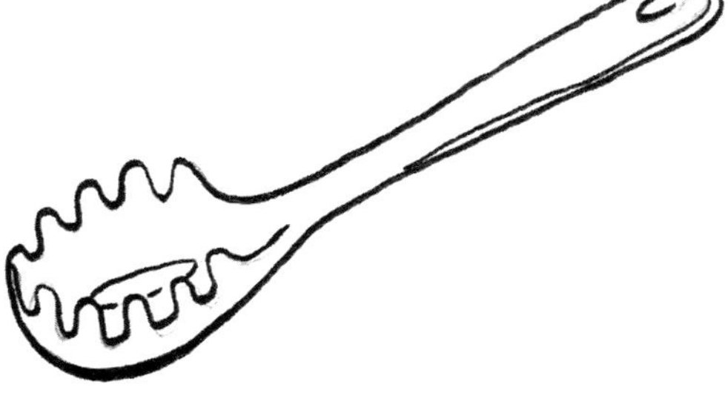

Einen Aufgabenplan erstellen (ab 2 Jahren)

Material:
Bilderbuch „Zwei für mich, einer für dich“, 1 große Pinnwand (z. B. aus Kork), 1 Stift, Tonkarton, Schere, 1 Laminiergerät und -folie, selbstklebende Klettpunkte (alternativ ggf. Reißzwecken), Fotoapparat, ggf. Buntstifte, 1 Schälchen , ggf. 1 abwischbaren Stift

Vorbereitung:
Erstellen Sie zunächst den Wochenplan auf der Pinnwand:

1. Schreiben Sie die Wochentage auf Tonkarton. Diese werden ausgeschnitten und laminiert. Befestigen Sie die Wochentage mit Klettpunkten oben in einer Reihe auf der Pinnwand. Kleben Sie hierfür zuerst die Gegenstücke der Klettpunkte auf die Pinnwand. Lassen Sie dabei links eine Spalte frei.
2. In die linke Spalte kommen die Fotos oder die Namenskärtchen der Kinder. Die Namen werden dafür auf Tonkarton geschrieben, ausgeschnitten und laminiert. Hier kann es helfen, wenn die Kinder die Karten selbst gestalten, damit sie ihren Namen, auch ohne ihn lesen zu können, wiederfinden. Befestigen Sie die Fotos oder Namenskärtchen mit Hilfe der Klettpunkte an der Pinnwand.
3. Machen Sie jeweils ein Foto von den anfallenden Aufgaben in der Kita, bei denen die Kinder helfen können, zum Beispiel beim Tisch decken, Aufräumen der Spielsachen oder Gießen der Pflanzen. Das werden ihre Aufgabenkarten. Schneiden Sie die Fotos am besten zu einer handlichen Größe zurecht.
4. Kleben Sie die Klettpunkte auf die Rückseite der Aufgabenkarten. Beim Aufkleben der Gegenstücke der Klettpunkte auf die Pinnwand sollte genug Abstand gelassen werden, damit die Aufgabenkarten unter- und nebeneinander Platz haben.
5. Befestigen Sie den Aufgabenplan auf Augenhöhe der Kinder und stellen sie die Aufgabenkärtchen in einem Schälchen bereit.

Arbeitsanleitung:
Leiten Sie dann das Projekt ein. Zeigen Sie dazu die zweite Doppelseite im Buch und fragen Sie die Kinder, was das Wiesel und was der Bär machen. Erklären Sie, dass jedes Tier eine Aufgabe hat.
Nun wollen Sie die Aufgaben in der Kita aufteilen und dazu einen Plan erstellen, bei dem alle Kinder mitmachen können. Dazu zeigen Sie den Kindern die Karten und machen ggf. die Aufgabe einmal vor. Schauen Sie zunächst, wer freiwillig eine Aufgabe machen würde. Die Kinder nehmen die zugehörige Karte und kleben sie zu ihrem Namen unter den entsprechenden Wochentag. Die restlichen Aufgaben können im Dialog mit den Kindern verteilt werden. So können sie am Kita-Ablauf teilnehmen und das Wissen über den Tagesablauf gibt ihnen Sicherheit, besonders in der Eingewöhnungsphase. Unter dem Aufgabenplan kann zum Beispiel auch noch eine Reihe für das Essen angebracht werden, das es am jeweiligen Tag geben soll.

Tipp:
Gut ist es, wenn die Kinder ihre Zuständigkeiten nach einigen Wochen wechseln.

Es bietet sich außerdem an, einen wieder abwischbaren Stift bereitzulegen, mit dem die Kinder ihre erledigten Aufgaben auf den laminierten Bildern abhaken können. Zwischendurch sollte zusammen mit den Kindern reflektiert werden, wie gut die Aufgaben schon geschafft wurden und wo sie vielleicht von Ihnen oder auch von anderen Kindern noch Hilfe benötigen.

Ich koche Essen (für bis zu 5 Kinder, ab 3 Jahren)

Material:
Bilderbuch „Zwei für dich, einer für mich“

Spielanleitung:
Setzen Sie sich mit den Kindern in einen Kreis und zeigen Sie ihnen die zweite Doppelseite, auf der das Wiesel die Pilze in der Pfanne schmort. Erinnern sich die Kinder, welche Zutaten in die Pfanne kommen? Daraus sollen sie jetzt ein Spiel machen, nämlich „Ich koche Essen“. Die Regeln sind die gleichen wie bei „Ich packe meinen Koffer“, nur nennen die Kinder hier Zutaten, die in das Essen sollen. Ein Kind beginnt also mit „Ich koche Essen und füge hinzu ...“ und nennt eine Zutat, die es gerne mag. Danach geht es reihum weiter. Es wird immer eine neue Zutat ergänzt. Gewonnen hat, wer zuletzt alle Zutaten richtig aufzählen kann. Es kann auch eine bestimmte Rundenanzahl festgelegt werden und die Kinder dürfen sich gegenseitig helfen. Auch die richtige Reihenfolge der Zutaten muss nicht unbedingt beachtet werden.

Variante für ältere Kinder (Begabtenförderung):
Anstatt zufällige Zutaten auszusuchen, nennen die Kinder Zutaten mit den Anfangsbuchstaben in der Reihenfolge des Alphabetes. Das erste Kind nennt also eine Zutat, die mit A beginnt, das zweite ergänzt eine Zutat, die mit B beginnt usw. Als Hilfe kann das Alphabet groß auf ein Blatt geschrieben und in die Mitte gelegt werden. Die Zutaten zu den schweren Buchstaben wie U, V, Q, X oder Y sollten dabei ausgelassen werden. Alternativ können die Kinder sonst auch Quatsch-Wörter nennen.

Essen in meiner Familie (ab 4 Jahren)

Material:
Kopiervorlage Bildkarten „So essen wir“ (s. S. 18), 1 Schere, ggf. 1 Laminiergerät und -folie

Vorbereitung:
Kopieren Sie die Bildkarten und schneiden Sie sie aus. Laminieren Sie die Karten ggf. für eine bessere Haltbarkeit.

Arbeitsanleitung:
1. Setzen Sie sich mit den Kindern in einen gemütlichen Sitzkreis und legen Sie die Bildkarten in die Mitte.
2. Leiten Sie das Thema ein, indem Sie noch einmal Bezug zum Buch nehmen. Darin sitzen der Bär und das Wiesel gemeinsam am Esstisch. Fragen Sie die Kinder, wie bei ihnen in der Familie gegessen wird. Sitzen die Kinder mit ihren Eltern auch am Esstisch? Wird sich dabei unterhalten? Die Kinder dürfen frei erzählen und auch die Bildkarten zu Hilfe nehmen. Es kann auch darüber gesprochen werden, was die Eltern kochen. Diese Frage wird besonders interessant, wenn unterschiedliche Kulturen vertreten sind.

Bildkarten „So essen wir“

Mundmotorik-Spiel „Essen austeilen“ (für bis zu 4 Kinder, ab 3 Jahren)

Material:
Kopiervorlage „Essen“ (s. u.), Scheren, ggf. Buntstifte, 1 Teller pro Kind, 1 Strohhalm pro Kind (bitte aus nachhaltigem Material), 1 Würfel pro Kind

Vorbereitung:
Kopieren Sie die Kopiervorlage „Essen“ dreimal und schneiden Sie die Karten aus. Gegebenenfalls können die Karten noch ausgemalt werden. Die Kinder setzen sich an einen Tisch und stellen je einen Teller vor sich. Die Bildkarten werden in die Mitte zwischen die Kinder gelegt und jedes Kind erhält einen Strohhalm.

Spielanleitung:
Zeigen Sie den Kindern die dritte Doppelseite aus dem Bilderbuch, auf denen der Bär die Pilze verteilt. Lassen Sie die Kinder noch einmal erzählen, was hier passiert und wie es weitergeht.

Leiten Sie nun ein, dass die Kinder jetzt auch das Essen verteilen sollen, aber mit dem Strohhalm.

Variante 1:
Die Kinder versuchen, so schnell wie möglich die Essenskärtchen mit dem Strohhalm anzusaugen und auf ihrem Teller wieder abzulegen. Wer am Ende am meisten Kärtchen auf seinem Teller hat, gewinnt.

Variante 2, für ältere Kinder:
Die Kinder spielen zu zweit. Ein Kind würfelt zuerst und legt die entsprechende Anzahl an Essen mit Hilfe des Strohhalmes auf den eigenen Teller. Dann ist das zweite Kind an der Reihe. So wird gespielt, bis alle Kärtchen verteilt sind. In dieser Variante wird auch gleichzeitig das Zählen geübt.

Kopiervorlage „Essen“

Fehlersuchbild „Zu Tisch“ (ab 3 Jahren)

Material:
Tisch mit Stühlen, Geschirr, Bilderbuch „Zwei für mich, einer für dich“, Augenbinde, ggf. Spielzeug und Spielzeugessen

Vorbereitung:
Decken Sie zusammen mit den Kindern den Esstisch. Das Spiel kann natürlich sehr gut vor dem Essen gespielt werden.

Spielanleitung:
1. Zeigen Sie den Kindern die Bilder aus dem Buch, in denen der Bär und das Wiesel am Tisch sitzen. Zuerst benehmen sich die beiden noch, dann wird es immer wilder. Welche Benimmregeln bei Tisch verletzen die Tiere? Was an Besteck fehlt auf ihrem Tisch? Lassen Sie die Kinder überlegen.
2. Dann setzen sich alle Kinder bis auf eines an den Tisch. Dieses bekommt die Augen verbunden.
3. Kreieren Sie mit den Kindern nun ein Fehlerbild. Wählen Sie einige Kinder aus, die gegen eine Benimmregel verstoßen, Besteck falsch benutzen oder nehmen Sie Geschirr weg. Ein Kind kann zum Beispiel auf dem Stuhl stehen, ein Kind tut so, als würde es mit dem Spielzeugessen werfen wollen und ein anderes schmatz laut vor sich hin. Die Kinder können sich hierbei selbst etwas aussuchen oder Sie geben ihnen leise etwas vor.
4. Das Kind, das die Fehler suchen soll, nimmt die Augenbinde ab und sieht sich den Esstisch und die anderen Kinder genau an. Kann es alle Fehler finden? Kommt das suchende Kind nicht weiter, dürfen die anderen Kinder helfen.
5. Jetzt ist das nächste Kind an der Reihe, das suchen möchte.

Für die Kinder ist es sicher lustig, wenn auch Sie einmal die Fehler finden müssen. Dabei sollte aber natürlich eine zweite Fachkraft die Kinder im Blick behalten, während Sie die Augen verbunden haben.

Würfelwörter (ab 3 Jahren)

Material:
Kopiervorlage „Würfel“ (s. S. 21), dicker Karton, ggf. Buntstifte, 1 Schere, Kleber, Bilderbuch „Zwei für mich, einer für dich“

Vorbereitung:
Kopieren Sie die Vorlage auf dicken Karton. Malen Sie den Würfel ggf. vorher an, bevor Sie ihn ausschneiden. Kleben Sie ihn dann zusammen.

Spielanleitung:
Die Kinder sind nacheinander an der Reihe und suchen sich aus dem Buch ein Wort aus. Dieses Wort lesen Sie dem Kind vor. Dann würfelt das Kind und macht die entsprechende Aufgabe zu dem Wort, zum Beispiel flüstern. Danach ist das nächste Kind an der Reihe. Trauen sich die Kinder nicht allein oder kommen nicht weiter, dürfen sie sich ein Partnerkind suchen oder die anderen Kinder um Hilfe bitten.

Kopiervorlage „Würfel“

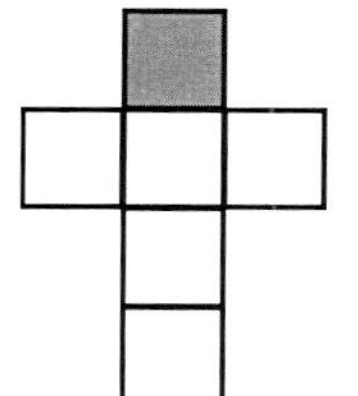
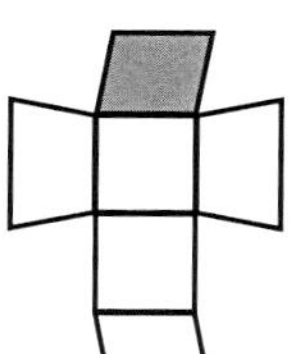
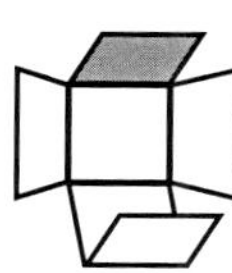
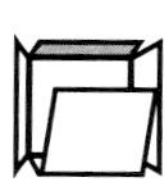

flüstern

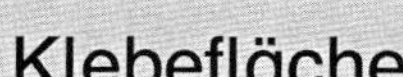

brüllen

Silben klatschen

wie eine Schlange zischen

Klebefläche

Klebefläche

Anlaut nennen

Klebefläche

singen

Klebefläche

Klebefläche

Meine Leib- und Magenspeise (ab 3 Jahren)

Die Leib- und Magenspeise des Wiesels und des Bären sind Pilze und Beeren. Was ist dein Lieblingsessen? Male es auf den Teller.

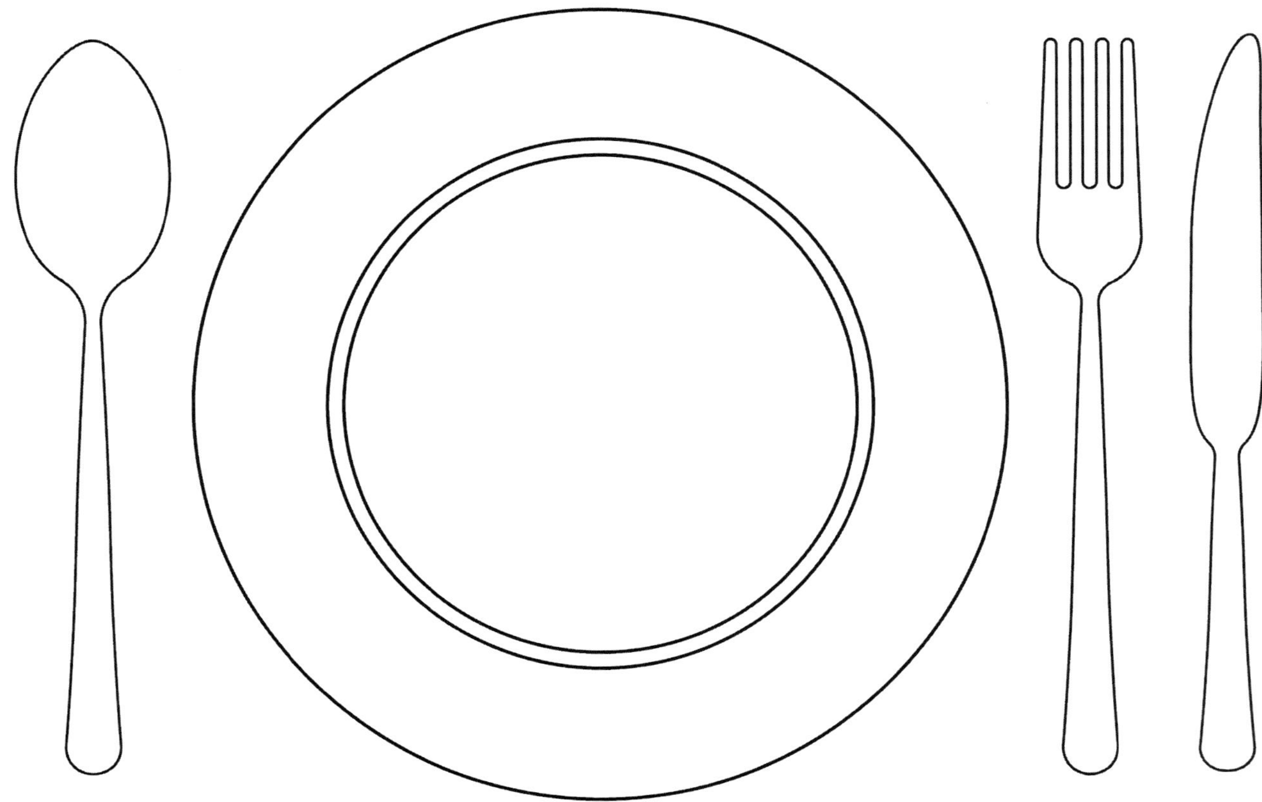

Lied „Bär, du hast den Pilz genommen“ (ab 4 Jahren)

Arbeitsanleitung:
Teilen Sie die Kinder in gleich große Gruppen. Eine Hälfte der Kinder singt den Part des Wiesels und die andere den Part des Bären, sodass eine Art Streitgespräch wie im Buch entsteht. Die letzte Strophe wird zusammen gesungen. Die Kinder können das Lied gerne durch passende Bewegungen, wie ein Verschränken der Arme, und entsprechende Mimik untermalen.

Text: Lara Keste
Melodie: traditionell nach „Fuchs, du hast die Gans gestohlen“

Wiesel: Bär, du hast den Pilz genommen, gib ihn wieder her, gib ihn wieder her!
Briet ihn würzig in der Pfanne, die war ganz schön schwer!
Briet ihn würzig in der Pfanne, die war ganz schön schwer!

Bär: Die Pilze habe ich entdeckt und den Tisch gedeckt, und den Tisch gedeckt!
Ich muss viel essen, bin so groß, was mache ich sonst bloß?
Ich muss viel essen, bin so groß, was mache ich sonst bloß?

Wiesel: Der dritte Pilz ist mein allein, ja so sieht es aus, ja so sieht es aus!
Ich bin doch noch so winzig klein, will so hoch hinaus!
Ich bin doch noch so winzig klein, will so hoch hinaus!

Bär: Ich mag Pilze doch viel lieber, gib ihn mir jetzt wieder, gib ihn mir jetzt wieder!
Mein Hunger ist so groß wie ich, ein Pilz reicht ja für dich!
Mein Hunger ist so groß wie ich, ein Pilz reicht ja für dich!

Wiesel: Quatsch, Pilze sind mein Leibgericht, mein Magen knurrt so laut, mein Magen knurrt so laut!
Hörst du denn das Grummeln nicht, hast meinen Pilz geklaut!
Hörst du denn das Grummeln nicht, hast meinen Pilz geklaut!

Bär: Mein Magen ist nur schon heiser und darum jetzt leiser, und darum jetzt leiser!
Gib mir den Pilz, das wär‘ gerecht, stoppe das Gefecht!
Gib mir den Pilz, das wär‘ gerecht, stoppe das Gefecht!

Beide: Fuchs, du hast den Pilz gegessen, oh, was fällt dir ein, oh, was fällt dir ein!
Können nun den Streit vergessen, hau'n jetzt einfach rein!
Können nun den Streit vergessen, hau'n jetzt einfach rein!

Küchen-Musik (ab 3 Jahren)

Material:
Bilderbuch „Zwei für mich, einer für dich“, verschiedene (ungefährliche) Küchenutensilien wie Pfannen, Töpfe, Löffel, Kochlöffel, Becher, Schneebesen …

Arbeitsanleitung:
Setzen Sie sich mit den Kindern in einen Sitzkreis und legen Sie die Küchenutensilien in die Mitte. Zeigen Sie den Kindern die zweite Doppelseite aus dem Buch und fragen Sie sie, welche Geräusche man wohl in dieser Situation hören kann. Hört man, wie das Wiesel kocht? Kann man auch das Besteck klappern hören? Die Kinder können die Geräusche auch mit den Küchenutensilien nachmachen, wenn diese in der Mitte vorhanden sind.

Die Kinder dürfen sich dann Gegenstände aus der Mitte nehmen und experimentieren, welche Geräusche man damit alles machen kann. Ihre Lieblingsinstrumente dürfen die Kinder dann für den Reim behalten. Sprechen oder singen Sie mit den Kindern den Text, die Kinder klopfen bei jeder Silbe mit ihrem Instrument. Danach können Sie variieren. Die Kinder können zum Beispiel erst leise spielen und dann immer lauter werden, nacheinander einsteigen, nur jede zweite Silbe schlagen oder am Ende jeder Zeile jeweils das passende Geräusch machen.

Reim:
Das Wiesel brät, das Wiesel brät – hört ihr wie der Wender in der Pfanne schlägt?
Der Bär deckt ein, der Bär deckt ein – die Gabeln klingen munter auf dem Tische fein!

Das Wiesel kocht, das Wiesel kocht – Töpfe scheppern und der Kochlöffel pocht!
Der Bär rührt um, der Bär rührt um – es klappert und dann macht es bum, bum, bum!

Waldbild mit Blättern (ab 3 Jahren)

Material:
Malunterlage, Papier (mind. DIN A3), Fingerfarben, ggf. Pinsel, verschiedene Blätter und Blüten, Malkittel

Vorbereitung:
Sammeln Sie bei einem Spaziergang zusammen mit den Kindern verschiedene Blätter in unterschiedlichen Größen sowie Blüten. Dabei können die Kinder schon einige Pflanzenarten kennenlernen. Legen Sie den Tisch mit einer Malunterlage aus und stellen Sie die Materialien bereit. Die Kinder ziehen die Malkittel an.

Arbeitsanleitung:
1. Die Kinder malen mit den Fingerfarben den Waldboden in Grün- und Brauntönen auf das Papier. Das können sie mit den Fingern, aber auch mit einem Pinsel machen.
2. Nun malen die Kinder Baumstämme, nach Wunsch mit Ästen und Zweigen.
3. Die Kinder suchen sich Blätter für die Baumkrone und Blüten für die Blumenwiese aus. Diese werden mit Farbe bemalt und wie ein Stempel auf das Bild gedrückt. So erstellen die Kinder das Blätterdach ihrer Bäume und eine Blumenwiese darunter. Die Bäume und Blüten können dabei gerne bunt werden.

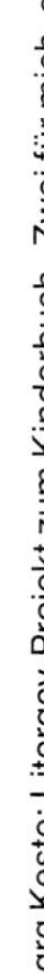

Papprollen-Bär und -Wiesel (ab 3 Jahren)

Material:
Kopiervorlage „Ohr“ und „Schwanz“ (s. u.), Scheren, Bleistifte, stabiler Tonkarton, Toilettenpapierrollen (1 – 2 pro Kind), braune und weiße Farbe, Pinsel, Tonkarton in verschiedenen Brauntönen, Kleber, schwarzer Filzstift, braune Pompons

Vorbereitung:
Schneiden Sie die Kopiervorlagen aus. Übertragen Sie die Ohren und den Schwanz mehrfach auf stabilen Tonkarton und schneiden Sie sie aus, um so Schablonen für die Kinder herzustellen.

Arbeitsanleitung:

1. Die Kinder können sich entscheiden, ob sie einen Bär, ein Wiesel oder beide Tiere basteln wollen. Die Kinder bemalen dann ihre Toilettenpapierrollen in Brauntönen ihrer Wahl. Für das Wiesel malen die Kinder mit der weißen Farbe noch einen Bauch auf die Toilettenpapierrolle.
2. Mit Hilfe der Schablonen übertragen die Kinder pro Tier zwei Ohren und für das Wiesel noch einen Schwanz auf braunen Tonkarton und schneiden sie aus.
3. Die Kinder kleben die markierte untere Kante der Ohren dann innen an den Toilettenpapierrollen fest, sodass sie oben herausstehen. Die Schwanzspitze des Wiesels kann noch schwarz angemalt werden, bevor der Schwanz mit der Klebefläche hinten an die Rolle geklebt wird. Dieser kann auch unten von innen angeklebt und umgeknickt werden, sodass er herausschaut. Der Bär bekommt einen braunen Pompon als Schwanz aufgeklebt.
4. Mittig zwischen die Ohren malen die Kinder ihrem Tier oder ihren Tieren ein Gesicht mit schwarzem Filzstift. Wer mag, kann auch noch Arme und Beine aufmalen.

Fertig sind die kleinen Tierchen, mit denen die Kinder auch super die Geschichte nach- und weiterspielen können!

Kopiervorlage „Ohr“ und „Schwanz“

Bärenohren

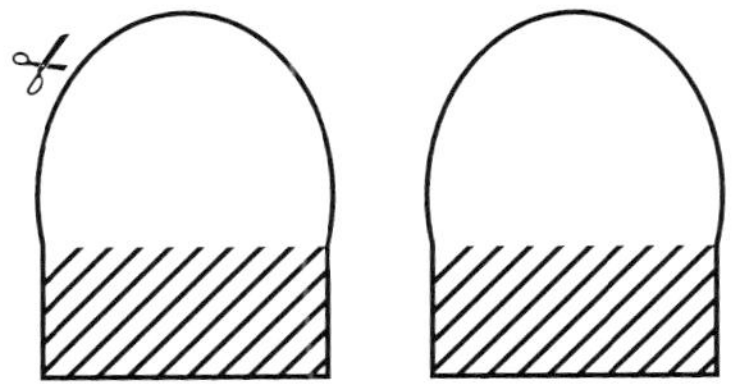

Klebeflächen

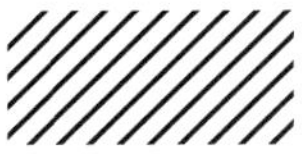

Wieselohren

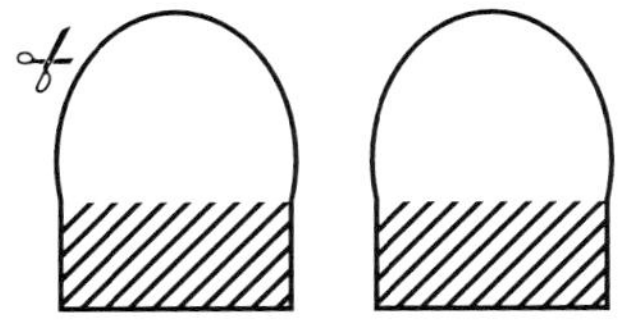

Wieselschwanz

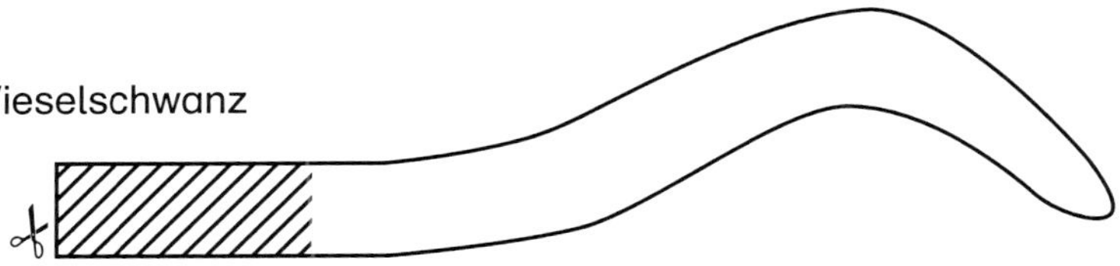

Ein Wald im Karton (ab 3 Jahren)

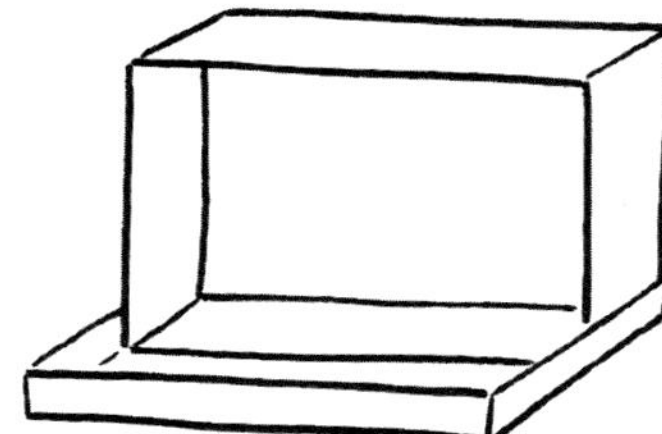

Material:
Schuhkarton (1 Karton pro Gruppe), Wassermalfarbe, Becher, Pinsel, Kleber, Moos, kleine Äste, Stöckchen, Rindenstücke, weitere Naturmaterialien (z. B. Tannenzapfen, Laub, Steinchen, kleine Holzstücke …), ggf. 1 Stück Stoff

Arbeitsanleitung:
1. Die Kinder malen den Boden und die Innenwände des Schuhkartons in Waldfarben an. Auf den Boden des Schuhkartons werden als Hintergrund des Waldes Bäume gemalt.
2. Legen Sie dann den Deckel des Schuhkartons mit der Oberseite nach unten auf den Tisch und kleben Sie den Schuhkarton mit der langen, schmalen Seite in den Deckel.
3. Dann wird der Wald mit den Naturmaterialien dekoriert. Die Kinder legen den Boden mit Moos aus und stecken zum Beispiel kleine Äste als Bäume hinein. Die Materialien werden ggf. festgeklebt.
4. Aus vier dickeren Holzstücken und einem Stück Rinde bauen die Kinder einen kleinen Tisch, der in den Wald gesetzt wird. Dieser kann ggf. mit einem Stück Stoff als Tischdecke dekoriert werden. Zwei kleine, dicke Äste können als Stühle dazugelegt werden.

Fertig ist der Wald im Schuhkarton!

Tipp:
Mit kleinen Spielzeugtieren können die Kinder in ihrem selbst gestalteten Wald spielen und auch Szenen aus dem Buch nachstellen.

In der Baumhöhle (ab 3 Jahren)

Material:
Kopiervorlagen „Eule“ und „Eichhörnchen“ (s. S. 27), 1 Leinwand pro Kind (ca. 24 cm x 30 cm), braune Acrylfarbe, Pinsel, Buntstifte, Scheren, Kleber, Rindenstücke und Stöckchen (alternativ Stücke aus verschiedenfarbigem braunem Tonkarton), ggf. Moos

Vorbereitung:
Die Kinder suchen sich aus, ob sie die Eule oder das Eichhörnchen verwenden möchten. Kopieren Sie für jedes Kind die gewünschte Vorlage. Die Naturmaterialien können bei einem gemeinsamen Spaziergang gesammelt werden.

Arbeitsanleitung:
1. Die Kinder malen ihre Leinwand mit brauner Acrylfarbe an und lassen sie trocknen.
2. Die Eule bzw. das Eichhörnchen wird mit den Buntstiften angemalt. Anschließend schneiden die Kinder ihre Tiere aus und kleben sie in die Mitte der Leinwand.
3. Nun kleben die Kinder die Rindenstücke und Stöckchen um das Tier herum auf. Gegebenenfalls kann auch etwas Moos in die Lücken geklebt werden.

Die Tiere blicken jetzt freundlich aus ihren Baumhöhlen hervor und laden ein, das Bild auch mit den Händen wahrzunehmen und über das Holz zu streichen.

Kopiervorlagen „Eule“ und „Eichhörnchen“

Dinkelstangen-Wiesel (ab 2 Jahren)

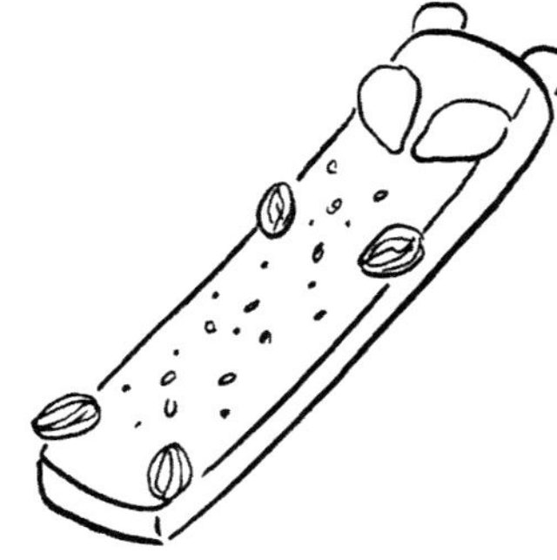

Zutaten (für ca. 10 Wiesel):
175 ml lauwarmes Wasser, ½ Würfel Hefe, 250 g Dinkelvollkornmehl und etwas Mehl zum Bestreuen der Arbeitsfläche, 75 g kalte Butter (oder 63 g Pflanzenöl), ½ Teelöffel Salz, verschiedene Körner wie Sesam, Sonnenblumenkerne, Kürbiskerne o. Ä. nach Geschmack

Arbeitsmittel:
1 Messbecher, 1 kleine Schüssel, 1 Waage, 1 große Schüssel, 1 Messer, 1 Küchentuch, 1 Kühlschrank, 1 Backofen, Zahnstocher, Backbleche, ggf. 1 Pinsel, Backpapier, 1 Gitterrost

Zubereitung:

1. Messen Sie mit den Kindern das lauwarme Wasser ab. Geben Sie das Wasser in eine kleine Schüssel und lösen Sie die Hefe darin auf.
2. Wiegen Sie zusammen mit den Kindern das Mehl in der großen Schüssel ab. Fügen Sie die Hefe und das Wasser sowie die in kleine Stücke geschnittene Butter zu dem Mehl hinzu.
3. Die Kinder dürfen den Teig dann zügig mit den Händen kneten, bis er glatt ist. Hierbei können sich die Kinder abwechseln.
4. Decken Sie den Teig mit einem sauberen Küchentuch ab und lassen Sie ihn für 1 Stunde im Kühlschrank ruhen. Heizen Sie am Ende der Ruhephase den Backofen auf 200 °C Umluft vor.
5. Kneten Sie den Teig danach noch einmal kurz durch. Bemehlen Sie die Arbeitsfläche und geben Sie dann jedem Kind eine Portion des Teiges, aus welchem sie ihr Wiesel formen. Falls der Teig zu weich ist, sollten die Kinder ihn direkt auf dem Backblech formen. Zum Formen teilen die Kinder ein Stück vom Teig ab und rollen den Rest mit ihren Handflächen zu einer Stange aus. Aus dem kleinen Stück formen die Kinder Ohren, einen Schwanz und 4 kleine Kugeln als Pfoten.
6. Die Körperteile werden an die Stange gedrückt und die Pfoten mit Hilfe des Zahnstochers mit je vier Rillen versehen, um so die Zehen anzudeuten. Kürbiskerne können als Augen dienen oder sie werden auch aus einem kleinen Stück Teig geformt und aufgedrückt.
7. Die Kinder dürfen ihre Wiesel noch mit Wasser einpinseln und mit Körnern ihrer Wahl bestreuen oder ganz individuell verzieren.
8. Legen Sie dann die Wiesel auf die mit Backpapier ausgelegten Bleche und lassen Sie sie für etwa 20 bis 25 Minuten bei 200 °C backen. Legen Sie die Stangen danach zum Abkühlen auf einen Gitterrost.

Nach dem Abkühlen können die leckeren Dinkelstangen-Wiesel gleich gegessen werden, gerne auch mit einem Dip und frischem Gemüse dazu.

Tipp:
Nehmen Sie am besten frisch gemahlenes Mehl, da Vollkornmehl durch längeres Stehen bitter werden kann. Wenn alle Kinder die Körner mögen, können sie auch direkt unter den Teig gemischt werden. Je nach Geschmack können zum Beispiel auch Möhrenraspel oder Trockenfrüchte hinzugefügt werden.

Schokoladige Bärenkekse (ab 2 Jahren)

Zutaten:
300 g Weizen- oder Dinkelmehl und etwas zum Bestreuen der Arbeitsfläche, 100 g Puderzucker, 1 Päckchen Vanillezucker, 1 Prise Salz, 200 g weiche Butter, 1 EL Backkakao, 50 g Zartbitterkuvertüre, Wasser für das Wasserbad, ggf. frisches Obst

Arbeitsmittel:
1 Waage, 1 große Schüssel, 1 Esslöffel, 1 Messer, ggf. 1 Handrührgerät mit Knethaken, 2 luftdichte Dosen, 1 Kühlschrank, 1 Ofen, 1 Nudelholz, runde Ausstechförmchen in drei verschiedenen Größen (alternativ Gläser o. Ä. verwenden), Backpapier, Backbleche, 1 Topf, 1 hitzebeständige kleine Schüssel, 1 Backofen, Schaschlikspieße, ggf. 1 Messer und 1 Brettchen

Zubereitung:
1. Wiegen Sie zusammen mit den Kindern Mehl und Puderzucker ab. Vermischen Sie beides mit dem Salz und dem Vanillezucker in einer großen Schüssel.
2. Fügen Sie anschließend die weiche Butter in Stücken zu der Mehlmischung hinzu. Nun können die Kinder den Teig kneten, bis alles gut vermischt ist. Alternativ kann ein Handrührgerät mit Knethaken verwendet werden.
3. Danach wird der Teig in drei Teile geteilt, wovon einer zunächst beiseitegelegt wird. Die anderen beiden Drittel verkneten die Kinder mit dem Backkakao.
4. Beide Teigteile werden zu Kugeln geformt und in luftdichte Dosen verschlossen. Diese kommen für mindestens eine Stunde in den Kühlschrank, bis der Teig schön fest ist.
5. Heizen Sie den Backofen auf 180 °C Umluft vor. Bemehlen Sie die Arbeitsfläche. Die Kinder können die Teigteile circa einen halben Zentimeter dick ausrollen.
6. Aus dem Schokoteig stechen die Kinder dann mit der größten Kreisform die Gesichter der Bären aus und mit der kleinsten Form die zwei Ohren. Aus einem Teil des Schokoteiges formen die Kinder Kugeln für die Nase der Bärenkekse.
7. Aus dem hellen Teig wird mit dem mittelgroßen Ausstecher für jedes Gesicht eine Schnauze ausgestochen. Der Rest des hellen Teiges wird zu kleinen Kugeln als Augen gerollt.
8. Auf dem mit Backpapier ausgelegten Backblech können die Kinder ihre Bärengesichter dann zusammenbauen. Die fertigen Bären werden anschließend für acht bis zehn Minuten im Backofen gebacken.
9. Während die Plätzchen abkühlen, schmelzen Sie die Kuvertüre bei niedriger Hitze im Wasserbad. Mit Schaschlikspießen malen die Kinder zum Schluss die Pupillen und Münder mit der geschmolzenen Schokolade auf.

Die süßen Kekse können direkt verspeist oder in einer Keksdose für bis zu vier Wochen aufbewahrt werden. Für eine leckere, fruchtige Variante können die hellen Bärenschnauzen und die Schokoteig-Nasen auch weggelassen und die Kekse zunächst so gebacken werden. Nach dem Backen wird frisches Obst wie Bananen oder Äpfel in dünne Scheiben geschnitten und ggf. rund ausgestochen, um daraus die Bärenschnauzen zu bilden. Anschließend können die Gesichter, diesmal inklusive Nasen, wie gehabt mit der Schokolade aufgemalt werden.

Frohes Naschen!

Ein Kräuterbeet pflanzen (ab 2 Jahren)

Material:
Petersilienpflanze und andere Kräuterpflanzen (z. B. Basilikum, Rosmarin, Thymian, Oregano, Salbei), Blumentöpfe in Anzahl der Kräuterpflanzen oder ein kleines Hochbeet, Blumenerde, kleine Schaufeln, 1 Gießkanne mit Wasser

Arbeitsanleitung:
1. Fragen Sie die Kinder, ob sie sich daran erinnern, womit das Wiesel die Pilze gewürzt hat. Zeigen Sie dann die Petersilienpflanze und lassen Sie die Kinder probieren. Die Kinder dürfen erzählen, ob sie den Geschmack kennen, wonach es schmeckt und ob sie den Geschmack mögen.
2. Dann werden auch die weiteren Kräuterpflanzen benannt und zum Probieren hingestellt. Die Kinder sollten darauf achten, dass sie beim Abzupfen der Blätter die Pflanze nicht beschädigen.
3. Nachdem die Kinder die Kräuter kennengelernt haben, kann es mit dem Einpflanzen losgehen. Füllen Sie zusammen mit den Kindern Erde in die Blumentöpfe bzw. das Hochbeet, bis sie zu etwa einem Drittel gefüllt sind.
4. Die Kinder setzen die Pflanzen vorsichtig in die Blumentöpfe bzw. das Hochbeet. Die Lücken werden mit Erde ausgefüllt. Dann wird die Erde etwas festgedrückt und ggf. noch etwas Erde nachgefüllt.
5. Zum Schluss können die Kinder die Kräuterpflanzen wässern.

Tipp: Pflanzen Sie noch ein paar bienenfreundliche Blumen neben bzw. zwischen die Kräuter. Die Kinder können die kleinen Insekten dann beobachten, sollten aber vorsichtig beim Pflücken der Kräuter sein.

Von Bären und Wieseln (1) (ab 3 Jahren)

Material:
Kopiervorlage „Futter“ (s. S. 32), 1 Schere, ggf. Buntstifte, ggf. 1 Laminiergerät und -folie, Bilderkarten „Bär und Wiesel“ (s. S. 31)

Vorbereitung:
Kopieren Sie die Futterkärtchen und schneiden Sie sie aus. Malen Sie das Futter gerne in realistischen Farben an. Zur besseren Haltbarkeit können die Kärtchen laminiert werden.

Arbeitsanleitung:
Setzen Sie sich mit den Kindern in einen Kreis und erzählen Sie ihnen, dass sie heute die Tiere aus dem Buch genauer unter die Lupe nehmen wollen. Zeigen Sie den Kindern Bilder von echten Bären und Wieseln. Lassen Sie die Kinder beschreiben. Wenn die Kinder schon mehr über die Tiere wissen oder eines der beiden in echt gesehen haben, können sie gerne davon erzählen. Fragen Sie anschließend, ob die Kinder denn auch die Lieblingsspeisen von Bären und Wieseln kennen. Erklären Sie, dass die meisten Bären Allesfresser sind, also Pflanzen und Tiere fressen. Wiesel dagegen sind so gut wie reine Fleischfresser. Die Kinder ordnen dann die Futter-Bildkarten den Tieren zu. Manches steht bei beiden Tieren auf dem Speiseplan.

Von Bären und Wieseln (2) (ab 3 Jahren)

Anschließende Spielmöglichkeiten:
Wer hat Hunger?
Teilen Sie die Kinder in Bären und Wiesel ein. Die Kinder laufen durcheinander. Das können sie mit entsprechenden Tierbewegungen machen. Rufen Sie dann: „Wer hat Hunger?" Die Kinder rufen: „Was gibt es denn zu futtern?" Ziehen Sie eine von den Futterkarten, halten Sie sie hoch und rufen Sie das Futter aus. Die Bären und Wiesel überlegen, ob es auf ihrem Speiseplan steht. Wenn ja, laufen sie schnell zu Ihnen und „futtern". Anschließend laufen alle Kinder wieder weiter und die nächste Karte wird gezogen.
Nach einigen Runden kann auch ein Kind die Spielleitung übernehmen.

Auf Futtersuche
Das Spiel geht am besten mit bis zu vier Kindern oder Sie kopieren die Futterkarten noch öfter. Teilen Sie die Kinder in Bären und Wiesel ein. Die Kinder verlassen den Raum, während Sie die Futterkarten im Raum verstecken. Andere Kinder können Ihnen dabei auch gerne helfen. Dann müssen die Bären und Wiesel ihr Futter im Raum suchen. Das Futter, was ihr jeweiliges Tier nicht frisst, lassen die Kinder liegen.
Wer das meiste von seinem passenden Futter findet, hat gewonnen.

Sachinformationen für Sie:
Bären
Bären leben in Amerika, Europa und Asien. Sie sind in den unterschiedlichsten Lebensräumen wie Wäldern, Grasland, Polargebieten und tropischen Regenwäldern zu finden. Es gibt viele Bärenarten, am bekanntesten sind hier aber wohl die Braunbären. Bären sind Allesfresser. Die meisten Arten ernähren sich hauptsächlich von Früchten und anderen Pflanzenteilen. Diese Nahrung wird ergänzt durch Insekten, Larven, Fische, Nagetiere und manchmal auch größere Wirbeltiere wie Rehe oder Vieh. Bären können gut klettern und schwimmen. Viele der einzelgängerischen Tiere halten Winterruhe.

Wiesel
Als Wiesel werden einige Marderarten bezeichnet. Sie sind in Nordamerika, Europa, Asien und Nordafrika verbreitet und besiedeln fast alle Lebensräume. In Deutschland sind sie auf Wiesen, an Waldrändern und auf Feldern zu finden. Die kleinen Raubtiere sind schnelle, geschickte Jäger und reißen auch Tiere, die größer als sie selbst sind. Das sind meist kleine Säugetiere wie Mäuse und Kaninchen. Aber auch Vögel, Eier, Fische, Reptilien und Insekten stehen auf dem Speiseplan. Selten fressen Wiesel auch Beeren.

Bildkarten „Bär und Wiesel"

Bitte hochkopieren.

Kopiervorlage „Futter“

Pilz	Beeren	Fisch
Gräser, Blumen und Kräuter	Wurzeln und Knollen	Maus
Insekt	Schaf	Nüsse
Vogel	Vogeleier	Kaninchen

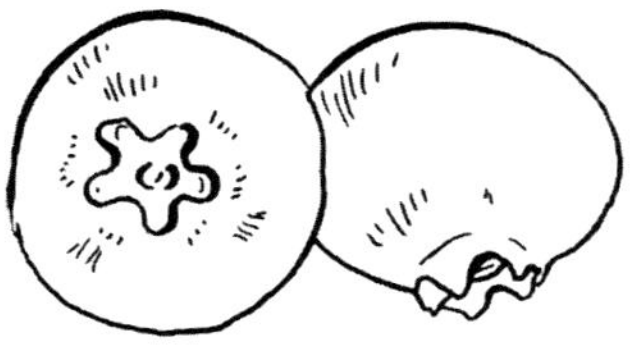

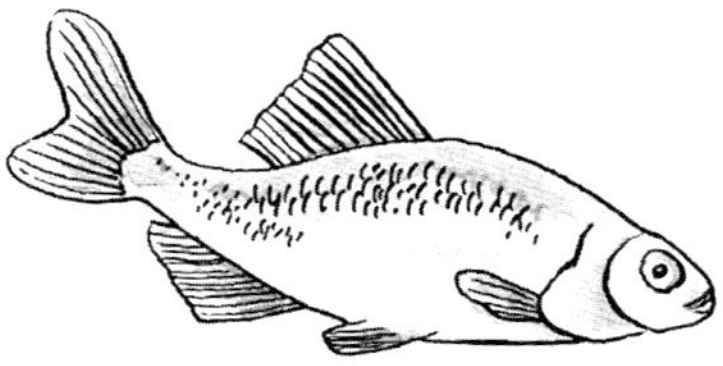

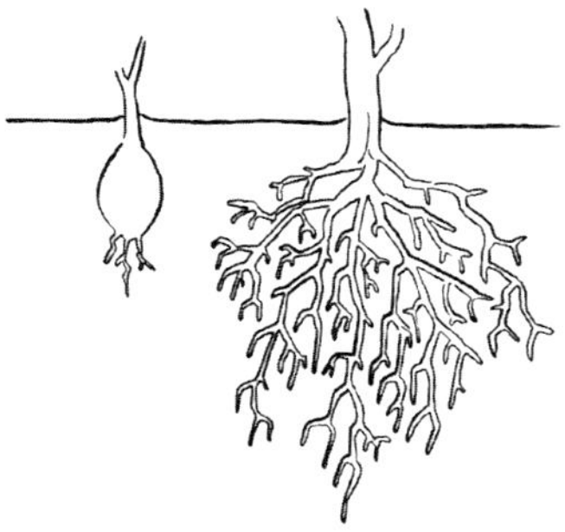

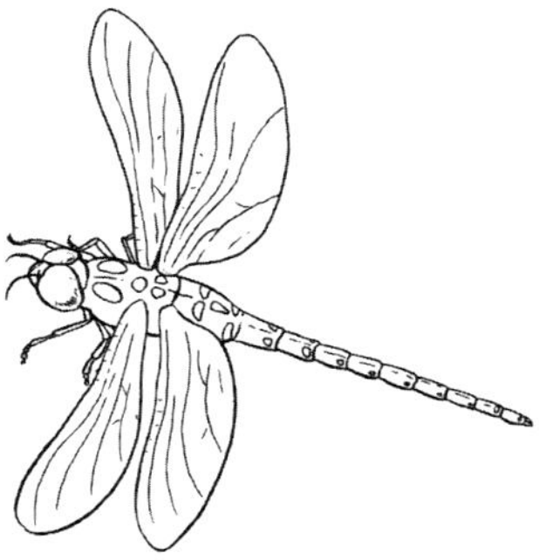

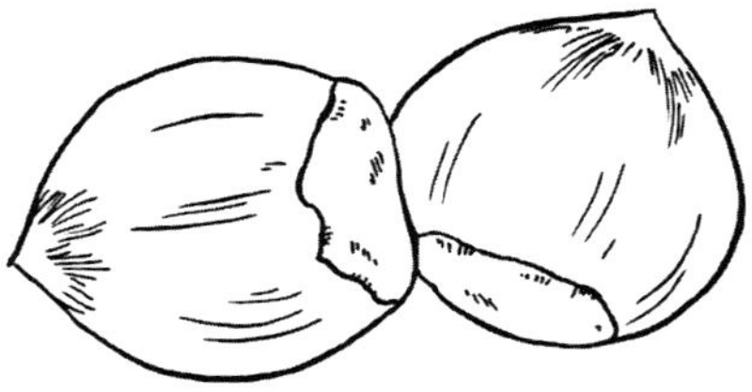

Tiere im Wald (ab 3 Jahren)

Wo leben die Tiere des Waldes? Folge ihren Spuren.

Umkreise die Tiere und ihr Zuhause in der gleichen Farbe.

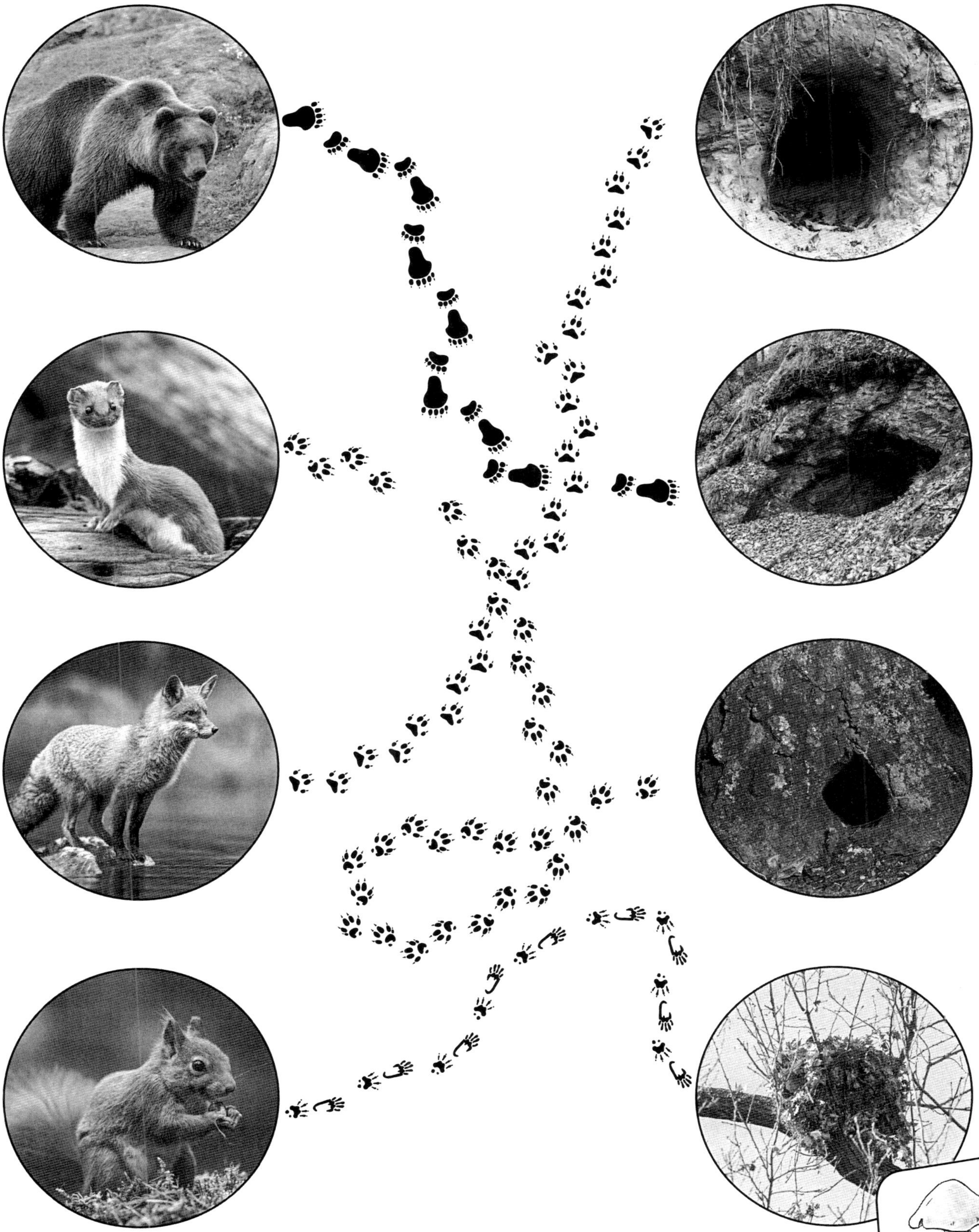

Baum-Symmetrie (ab 3 Jahren)

Zeichne den Baum fertig.

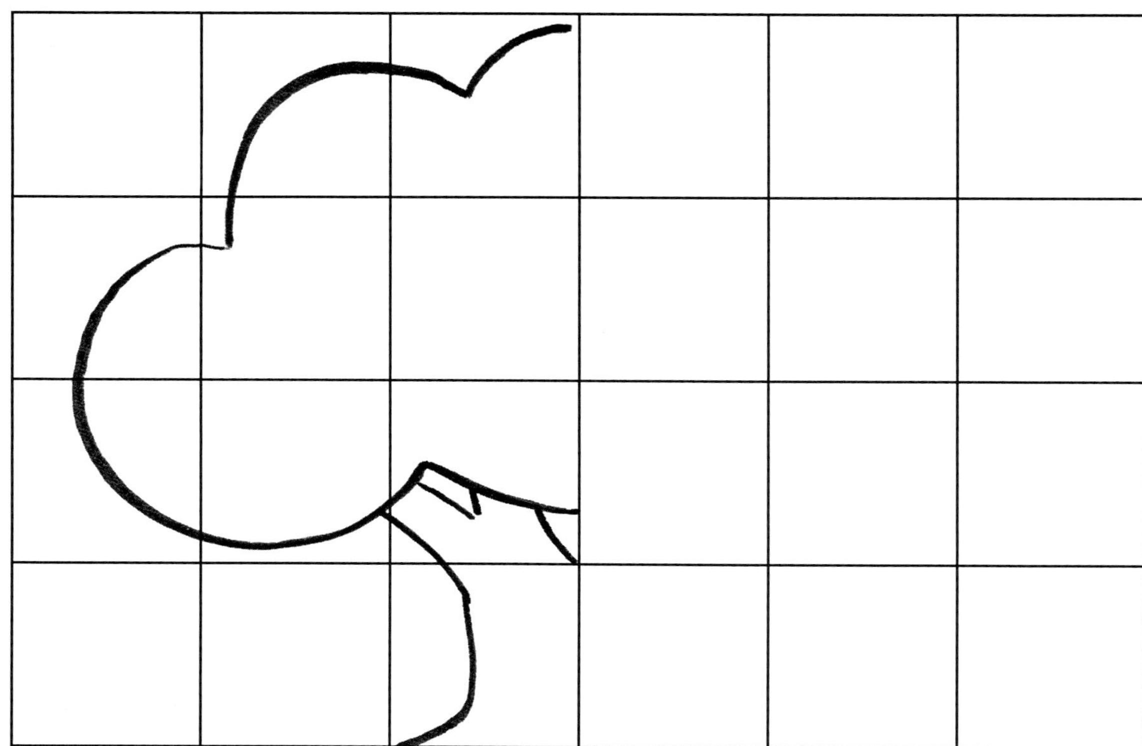

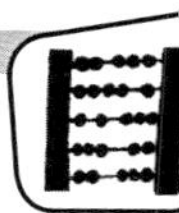

Für jeden gleich viel (für 2 Kinder, ab 3 Jahren)

Material:
Kopiervorlage „Essen" (s. S. 19), ggf. Buntstifte, 1 Schere, ggf. 1 Laminiergerät und -folie

Vorbereitung:
Kopieren Sie die Vorlage zweimal. Malen Sie das Essen ggf. bunt an, bevor sie es ausschneiden. Die Kärtchen können zur besseren Haltbarkeit auch laminiert werden.

Spielanleitung:
Die Kinder setzen sich gegenüber und erhalten die Essenskärtchen. Aufgabe der Kinder ist es nun, die Kärtchen so unter sich zu verteilen, dass beide von dem jeweiligen Essen gleich viel haben. Um die Schwierigkeit zu erhöhen, können noch mehr der Essenskärtchen kopiert werden. Das Spiel erfordert ein gewisses Maß an Kooperation und Kommunikation, da sich die Kinder untereinander absprechen müssen.

Tipp:
Das Spiel kann auch in eine soziale Übung zum Thema Teilen und Gerechtigkeit umgewandelt werden. Nehmen Sie dazu von einer oder mehreren Sorten die Essenskärtchen heraus und schaffen Sie eine ungerade Anzahl. Nun müssen sich die Kinder überlegen und absprechen, wie für sie eine gerechte Aufteilung aussieht. Legen Sie dann eventuell eine Schere zum „Teilen" bereit.

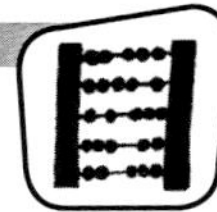

Tiere im Wald (ab 4 Jahren)

Zähle die Tiere im Bild. Trage die Zahl in die Kästchen ein.

3	4	1	1	2

Wer hat mehr? (ab 5 Jahren)

Wer von beiden hat mehr Futter? Trage <, > oder = ein.

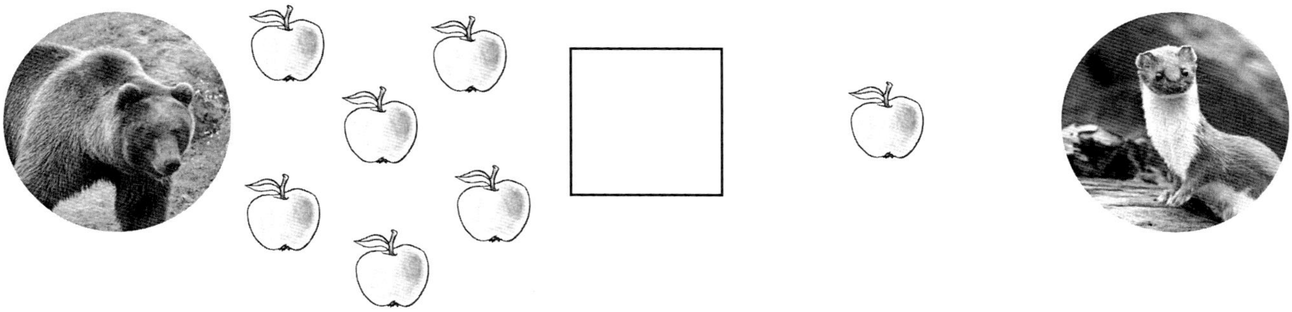

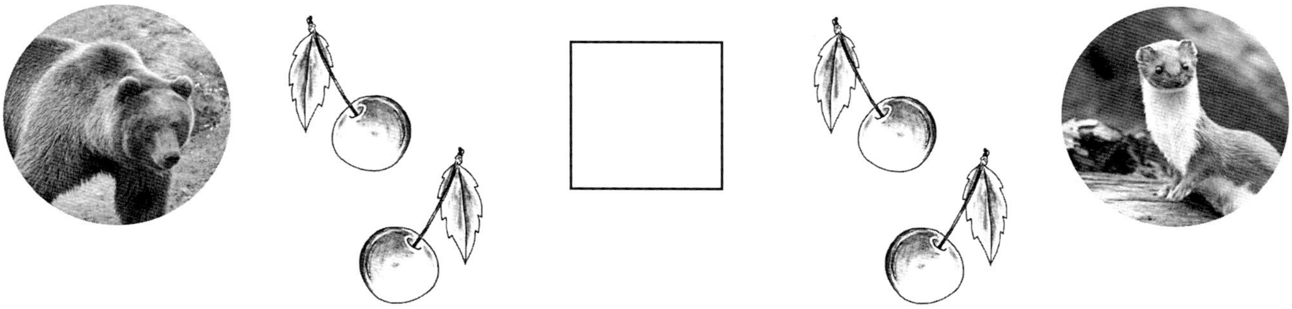

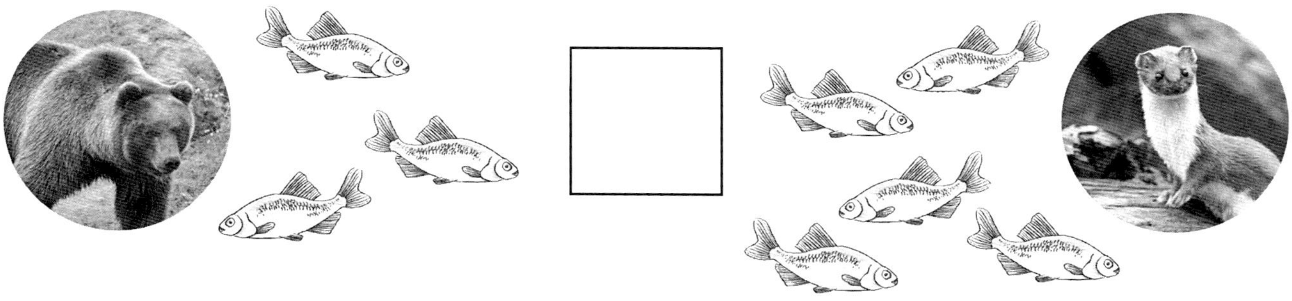

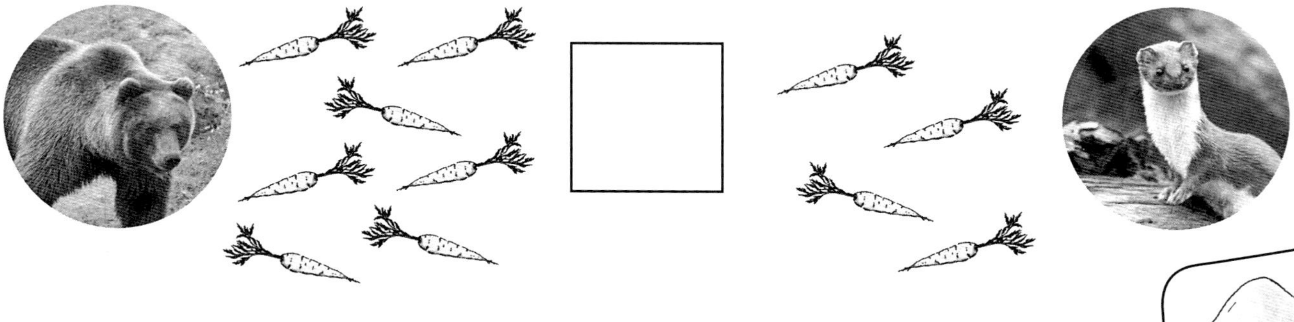

Barfußpfad „Spaziergang im Wald“ (ab 2 Jahren)

Material:
Gras, Moos, Stöcke, glatte Steine, Erde, Laub, Tannenzapfen, Tannenreisig, Wasser, 1 flaches Behältnis, ggf. 1 Rechteckleiste o. Ä., Augenbinden, ggf. Behälter für alle Materialien

Vorbereitung:
Die Materialien für den Barfußpfad können Sie zusammen mit den Kindern bei einem Spaziergang sammeln. Die Materialien werden hintereinander ausgelegt. Achten Sie darauf, dass die Kinder sich an ihnen nicht verletzen können. Das Wasser wird in ein flaches Behältnis gefüllt. Achten Sie darauf, dass der Pfad schön abwechslungsreich wird. Größere Steine können weiter auseinandergelegt werden, sodass die Kinder von Stein zu Stein balancieren müssen. Sie können die Kinder auch zwischendurch über eine Rechteckleiste o. Ä. balancieren lassen. Das Holz muss aber splitterfrei sein. Soll der Barfußpfad länger stehen bleiben, können alle Materialien in Behälter gefüllt oder ein Holzrahmen gebaut werden.

Arbeitsanleitung:
Erzählen Sie den Kindern, dass sie nun den Heimweg von dem Bären durch den Wald nachlaufen. Die Kinder laufen langsam und bewusst den Pfad ab. An jeder Station können sie pausieren und beschreiben, wie sich das Material anfühlt. Die Kinder, die möchten, können sich in einer zweiten Runde die Augen verbinden und sich von einem anderen Kind durch den Pfad führen lassen. So können die Materialien noch intensiver wahrgenommen werden. In dieser Runde sollten die Balancierübungen allerdings ausgelassen oder nur mit Ihrer Hilfe durchgeführt werden.

Massagegeschichte „Das Wiesel kocht“ (1) (ab 3 Jahren)

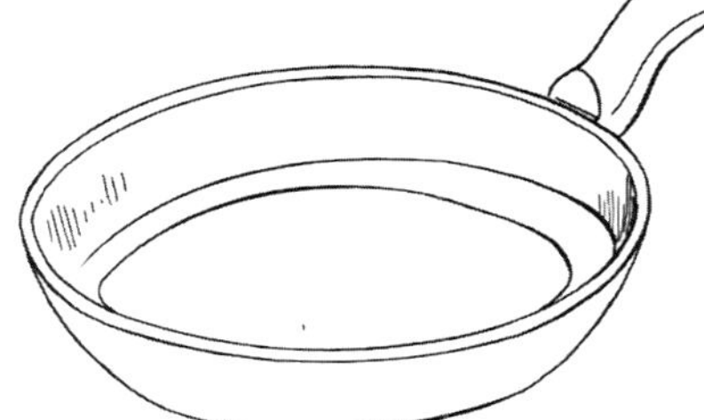

Material:
Matten, Kissen, Massagegeschichte (s. S. 38), Decken

Vorbereitung:
Suchen Sie sich einen ruhigen Raum und legen Sie ihn mit Matten und Kissen aus, sodass die Kinder bequem liegen können.

Arbeitsanleitung:
Leiten Sie ein: „Das Wiesel hat die Pilze nach dem Rezept des Bären gebraten. Der Bär hat dem Wiesel jetzt ein neues Rezept für eine leckere Gemüsesuppe mit Brot gegeben und das wollen wir als Massage ausprobieren.“
Die Kinder finden sich in Paaren zusammen. Kein Kind sollte zum Mitmachen gedrängt werden. Die Massage dürfen sie jederzeit unterbrechen oder sagen, wenn etwas unangenehm ist oder zu fest massiert wird. Die Kinder dürfen dabei nicht auf der Wirbelsäule ihres Partnerkindes massieren! Sind diese Regeln klar, können Sie die Geschichte vorlesen und die Massagebewegungen dabei vormachen.
Nach dem Ende der Geschichte wird gewechselt.

Massagegeschichte „Das Wiesel kocht" (2) (ab 3 Jahren)

Geschichte	Massagebewegungen
Das Wiesel schneidet für die Suppe erst einmal das Gemüse.	*Mit den Handkanten vorsichtig über den Rücken klopfen.*
In dem Kochtopf auf dem Herd brodelt schon das Wasser.	*Mit den Fingerspitzen sanft auf den Rücken klopfen.*
Das Wiesel streicht das Gemüse vom Brett in das Wasser. Wie lecker das schon aussieht.	*Von oben nach unten über den Rücken streichen.*
Dann wird erst einmal kräftig umgerührt.	*Mit der Hand in Kreisbewegungen über den Rücken streichen.*
Während das Gemüse kocht, knetet das Wiesel den Brotteig. Der ruht danach erst einmal.	*Sanft den Rücken kneten.*
Das Wiesel hackt die Kräuter für die Suppe klein. Ihr Duft verbreitet sich dabei herrlich.	*Mit den Handkanten vorsichtig über den Rücken klopfen.*
Das Wiesel streicht die Kräuter vom Brett in die Suppe.	*Von unten nach oben über den Rücken und die Arme entlangstreichen.*
Jetzt muss wieder umgerührt werden.	*Mit der Hand in Kreisbewegungen über den Rücken streichen.*
Der Brotteig ist jetzt aufgegangen. Das Wiesel schiebt ihn in den Ofen.	*Mit den Handballen von unten nach oben über den Rücken streichen.*
Das Wiesel schmeckt die Suppe mit Salz und Pfeffer ab. Die Körner rieseln sanft in die Suppe.	*Mit den Fingerspitzen sanft über den Rücken klopfen.*
Dem Bären läuft schon das Wasser im Mund zusammen. Er beginnt, den Tisch zu decken. Er legt eine Tischdecke über den Tisch und streicht sie glatt.	*Eine Decke über das Kind legen und von der Wirbelsäule ausgehend nach außen über den Rücken „glatt" streichen.*
Der Bär deckt den Teller und den Löffel auf. So gefällt es ihm noch nicht. Er rückt alles hin und her, bis er die richtige Position gefunden hat.	*Die Hände auf den Rücken legen und sanft das Partnerkind hin- und herschaukeln.*
Endlich kann das Essen serviert werden. Und wie gut das schmeckt! Die Wärme der Suppe breitet sich in ihrem Bauch aus.	*Die Hände noch wärmend auf dem Rücken liegen lassen und dann sanft lösen.*
Nach dem Essen ruhen sich Bär und Wiesel noch aus.	*Das massierte Kind noch etwas ruhen lassen.*

Gewürz-Paare (für 2 – 4 Kinder, ab 3 Jahren)

Material:
kleine identische Dosen oder Schälchen (alternativ Taschentücher und Schnur), verschiedene Gewürze (z. B. Minze, Petersilie, Basilikum, Rosmarin, Thymian, Salbei, Paprika (edelsüß), Zimt, Vanillestange …), Watte

Vorbereitung:
Füllen Sie jeweils zwei Dosen oder Schälchen mit dem gleichen Gewürz. Legen Sie dann Watte auf die Gewürze, sodass sie nicht mehr sichtbar, aber noch gut zu riechen sind. Sollten nicht ausreichend identische Behälter vorhanden sein, können die Gewürze auch in Taschentücher gefüllt werden, die mit einer Schnur zugebunden werden.

Spielanleitung:
Die Kinder setzen sich an den Tisch und die verdeckten Gewürze werden zwischen ihnen verteilt.

Zunächst dürfen die Kinder riechen und raten, um welches Gewürz es sich handelt. Ist das Gewürz erraten, dürfen sie die Watte anheben und das Gewürz betrachten und auch probieren. Die Gewürze werden wieder abgedeckt und noch einmal durchgemischt. Dann kann das Spiel beginnen.

Ein Kind nimmt sich eines der Gewürze und schnuppert daran. Nun versucht es, das Duft-Paar zu finden. Hat das Kind es geschafft, ist das nächste an der Reihe.

Varianten:
Mit den Duftproben lässt sich auch ein Hütchenspiel spielen. Auf einen Tisch oder den Boden werden drei unterschiedliche Duftproben gestellt. Sagen Sie dem Kind vorher, welcher Duft gesucht wird, und lassen Sie es noch einmal daran riechen. Dann mischen Sie die Duftproben vor den Augen des Kindes. Kann es durch Riechen oder genaues Hinsehen das richtige Behältnis finden?

Mit den Düften können die Kinder außerdem ein Memo-Spiel spielen.

Gabelstapler (für 4 Kinder, ab 3 Jahren)

Material:
1 Gurke, 1 Apfel, 1 Möhre, 1 Banane, 6 kleine Tomaten, 1 Messer, 1 Brettchen, 5 Teller, 1 kleiner Teller pro Kind, 1 Gabel pro Kind, 1 Würfel pro Kind, 5 kleine Zettel, Stift

Vorbereitung:
Waschen Sie das Obst und Gemüse und schneiden Sie es in gut stapelbare Scheiben. Legen Sie das Obst und das Gemüse jeweils auf einen Teller, sodass die Scheiben einzeln aufliegen und nichts aneinanderhängt oder sich überlappt. Die Kinder setzen sich rund um einen Tisch und erhalten je einen Teller und eine Gabel. In die Mitte des Tisches werden die Teller mit Obst und Gemüse gestellt. Die Nummern von eins bis fünf werden dem Obst bzw. Gemüse zugeordnet, auf die Zettel geschrieben und neben den Teller gelegt.

Spielanleitung:
Die Kinder würfeln nacheinander. Je nach Zahl nehmen Sie mit Hilfe der Gabel eines der Obst- oder Gemüsestücke aus der Mitte und stapeln es bei sich auf dem Teller. Würfelt ein Kind eine Sechs, darf es von dem Turm eines anderen Kindes die oberste Scheibe mit seiner Gabel abnehmen und auf seinen eigenen Turm legen. Wer kann den höchsten Stapel bauen, bis der Turm umfällt?

Wenn die Kinder noch zu große Schwierigkeiten haben, dürfen sie auch ein wenig die Finger zu Hilfe nehmen. Nach Abschluss des Spiels werden das Obst und Gemüse gegessen.

Anschleichen (ab 3 Jahren)

Material:
Turnkästen, große Kartons oder andere Gegenstände (groß genug zum dahinter Verstecken), ein Ball o. Ä. als Essen

Vorbereitung:
Suchen Sie sich einen großen Raum, zum Beispiel eine Turnhalle. Stellen Sie darin die Gegenstände, hinter denen sich die Kinder verstecken können, mit etwas Abstand zueinander auf. Es soll eine Strecke entstehen, die die Kinder von Versteck zu Versteck ablaufen können. Alternativ kann das Spiel auch im Freien zwischen Bäumen gespielt werden.

Spielanleitung:
1. Ein Kind ist das Wiesel und stellt sich an einem Ende mit dem Rücken zu der Strecke hin. Die anderen Kinder sind die Füchse, die sich von der gegenüberliegenden Seite der Strecke an das Wiesel und sein Essen heranschleichen wollen. Das „Essen“ wird direkt hinter das Wiesel gelegt.
2. Die Füchse schleichen so leise wie möglich los. Das Wiesel darf sich, wann immer es möchte, umdrehen. Es muss aber vorher „Ich höre euch freche Füchse!“ rufen. In dieser Zeit können sich die Füchse ein Versteck suchen. Wenn das Wiesel sich umgedreht hat und ein Kind entdeckt, muss dieses an den Anfang der Strecke zurückgehen.
3. Das Wiesel dreht sich wieder um und die Füchse schleichen weiter. Das Wiesel darf sich dabei natürlich nicht durchgehend umdrehen.
4. Das Kind, welches zuerst das Essen erreicht, ohne gesehen zu werden, wird danach zum Wiesel.

BVK • Lara Keste: Literacy-Projekt zum Kinderbuch „Zwei für mich, einer für dich“ von Jörg Mühle

Da freut sich der Dritte (ab 5 Jahren)

Material:
Zeitungspapier, Musik

Vorbereitung:
Teilen Sie die Kinder in Gruppen von je 4 Kindern auf. Legen Sie in einigem Abstand zueinander Felder aus einer großen Seite Zeitungspapier in der Anzahl der Gruppen aus.

Spielanleitung:
1. Sagen Sie den Kindern, dass sie jetzt leckeres Essen sind. Sie sind der Fuchs, der sich das Essen schnappt. Die Gruppen werden jeweils einer Zeitungspapierseite zugeteilt. Diese sind die Teller, auf die sie sich retten können.
2. Starten Sie die Runde, indem Sie die Musik anmachen. Die Kinder tanzen rund um ihr Zeitungspapier.
3. Stoppen Sie die Musik. Jetzt müssen die Kinder so schnell wie möglich auf ihren Teller, also die Zeitungspapierseite kommen. Alle müssen auf dem Zeitungspapier stehen und dürfen den Boden nicht mehr berühren, sonst schnappt sich der Fuchs das Essen und die Gruppe scheidet aus.
4. Die ausgeschiedenen Kinder dürfen dem Fuchs in den nächsten Runden helfen.
5. In der nächsten Runde wird das Zeitungspapier halbiert, ebenso in der dritten Runde usw.

   Gespielt wird so lange, bis nur noch eine Gruppe übrig ist.

Die Freude am Teilen (ab 3 Jahren)

Arbeitsanleitung:
1. Setzen Sie sich mit den Kindern in einen Sitzkreis. Die Kinder sind bestimmt schon darauf gekommen, dass der Bär und das Wiesel den dritten Pilz hätten teilen können. Fragen Sie die Kinder, ob sie schon selbst einmal etwas geteilt haben. Haben sie es gerne gemacht? Wie haben sie sich dabei gefühlt? Sprechen Sie mit den Kindern auch darüber, welchen Sinn das Teilen hat.
2. Leiten Sie dann ein, dass Sie mit den Kindern einen *Tag des Teilens* machen wollen, an dem jedes Kind etwas mitbringt, das es teilen möchte. Das kann ein Spielzeug sein oder auch die Lieblingskekse. Dabei werden die Sachen der anderen Kinder pfleglich behandelt, denn das wünscht man sich ja auch für seine eigenen Sachen. Dadurch, dass die Kinder sich selbst etwas zum Teilen aussuchen und sich auch auf die Mitbringsel der anderen Kinder freuen können, sollte das Teilen deutlich leichter fallen.
3. Reflektieren Sie am Ende des Tages, wie es den Kindern gefallen hat und ob sie das Teilen leicht oder schwer fanden. Haben die Kinder sich gut gefühlt, den anderen Kindern eine Freude machen zu können? Jedes Kind nimmt dann sein eigenes Spielzeug wieder mit nach Hause.

Hat es den Kindern gefallen, kann der *Tag des Teilens* natürlich regelmäßig stattfinden.

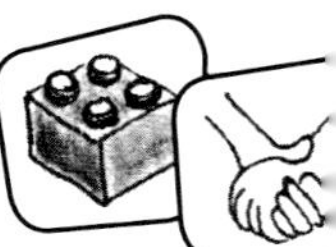

Freundschaftsanhänger (ab 2 Jahren)

Material:
transparente Schrumpffolien (für jedes Kind eine Platte), Buntstifte und Fingermalfarben, Scheren, 1 Locher, 1 Backofen, 1 Backblech, Backpapier, Kordel

Arbeitsanleitung:

1. Der Bär und das Wiesel streiten zwar, aber sie bleiben Freunde. Erklären Sie den Kindern, dass sie nun ein Zeichen der Freundschaft basteln, um sie genau daran zu erinnern. Dafür malen sie etwas, das sie an ihre Freundschaft erinnert, auf die milchige Seite der Schrumpffolie. Die Kinder können auch mit der Fingerfarbe Handabdrücke machen. Die Bilder dürfen nicht zu klein werden, da die Folie um etwa 50 % schrumpft. Malen Sie gerne auch selbst etwas für die Kinder, sodass keines leer ausgeht.
2. Heizen Sie den Backofen auf ca. 160 °C Ober- und Unterhitze vor.
3. Schneiden Sie die Bilder mit den Kindern aus. Lassen Sie dabei etwas Platz außenherum.
4. Stanzen Sie bei jedem Bild der Kinder ein Loch aus, an dem es später aufgehangen werden kann.
5. Legen Sie die Bilder auf ein mit Backpapier ausgelegtes Backblech und schieben Sie es in den Ofen.
6. Holen Sie das Backblech nach 1 bis 2 Minuten wieder heraus (Beachten Sie hierbei ggf. auch die Anleitung bei der jeweiligen Folie!) und lassen Sie die Folie abkühlen.
7. Ziehen Sie zum Schluss eine Kordel durch das Loch und knoten Sie sie fest.

Nun können die Kinder ihre Kunstwerke an ihre Freunde verteilen oder sie werden im Gruppenraum aufgehängt. Vielleicht möchten die Kinder ihre Motive ja auch in der Gruppe vorstellen?

Was ist gerecht? (ab 4 Jahren)

Arbeitsanleitung:
Sagen Sie den Kindern, dass es heute um Gerechtigkeit geht, denn darüber streiten auch der Bär und das Wiesel. Legen Sie zunächst Regeln für das Gespräch fest. Die Kinder sollen nacheinander sprechen und die anderen Kinder ausreden lassen. Hierbei kann auch ein Redeball o. Ä. hilfreich sein. Außerdem ist jede Meinung wichtig und wird akzeptiert. Fangen Sie dann an, mit den Kindern über Gerechtigkeit nachzudenken, indem Sie von einer Beispielsituation erzählen oder sie den Kindern vormachen (s. u.). Leiten Sie das Gespräch ggf. durch offene Fragen. Ermutigen Sie die Kinder, Argumente zu finden, warum etwas gerecht sein könnte oder nicht. Fragen Sie die Kinder, wie die anderen die Situation sehen könnten. Bei dem Thema Gerechtigkeit gibt es keine eindeutige Antwort, jeder hat eine etwas andere Vorstellung.

Mögliche Beispiele:

- Emil und Finja sammeln Äpfel aus dem Garten ein. Emil isst alle Äpfel auf.
- Paul bringt sein liebstes Spielzeug mit in die Kita. Er lässt aber nur seine beste Freundin damit spielen. Zu allen anderen Kindern sagt er „Nein“.
- Mia kommt zum ersten Mal in die Kita und ist noch sehr unsicher. Die Erzieherin kümmert sich sehr viel um Mia. Sie hat deswegen weniger Zeit für die anderen Kinder.
- Melinas Eltern haben ihr ein großes Stück Kuchen als Nachtisch mitgegeben. Ben hat von seinen Eltern einen kleinen Butterkeks als Nachtisch bekommen.

Streit lösen (ab 3 Jahren)

Material:
Kopiervorlage „Gefühle“ (s. S. 44), 1 Schere, ggf. Buntstifte, ggf. 1 Laminiergerät und -folie

Vorbereitung:
Schneiden Sie die Bildkarten zu den Gefühlen aus. Diese können auch angemalt und laminiert werden.

Arbeitsanleitung:
1. Finden Sie sich mit den Kindern in einem Sitzkreis zusammen. Legen Sie die Gefühlskarten in die Mitte. Leiten Sie das Thema ein: „Der Bär und das Wiesel streiten sich um die Pilze. Wie geht es dem Bären und dem Wiesel wohl bei ihrem Streit? Bleiben sie trotzdem Freunde?“
   Die Kinder können Vermutungen äußern oder einfach nur die Gefühlskarten hochhalten, die sie für passend halten.
2. Sprechen Sie nun mit den Kindern darüber, wie der Bär und das Wiesel ihren Streit auch ohne den Fuchs hätten lösen können. Haben die Kinder Ideen?
3. Anschließend können die Kinder von einem eigenen Streit erzählen und davon, wie es ihnen dabei ergangen ist sowie ob und wie der Streit gelöst wurde. Waren sie zufrieden mit der Lösung? Dabei können die Kinder wieder die Gefühlskarten zu Hilfe nehmen.
4. Legen Sie zuletzt zusammen mit den Kindern – basierend auf ihren Erfahrungen – Regeln beim Streiten fest. Hierbei sollte es vor allem darum gehen, dass die Kinder sich gegenseitig ausreden lassen und zuhören.

In Streitsituationen begleiten:
Wenn es zu einer Streitsituation kommt oder bei dem Angebot selbst ungelöster Streit auftritt, können die Gefühlskarten zum Einsatz kommen. Greifen Sie in einen Streit ein, wenn er eskaliert, handgreiflich wird oder eines der Kinder unterdrückt wird. Die Kinder sollten ansonsten die Möglichkeit haben, selbstständig streiten und kommunizieren zu lernen.

Übernehmen Sie in den Fällen, in denen sie eingreifen, eine helfende Rolle. Die Kinder sollten dann zunächst die Situation beschreiben, ohne sich gegenseitig Vorwürfe zu machen. Ist klar, was vorgefallen ist, fragen Sie die Kinder, wie sie sich fühlen bzw. welches Bedürfnis sie haben. Besonders jüngere oder auch DaZ-Kinder können die Gefühlskarten dabei nutzen. Sind die Kinder verbal noch nicht soweit, versuchen Sie die Gefühle für die Kinder zu formulieren. Sind sich die Kinder ihrer eigenen Gefühle und Bedürfnisse sowie der des anderen Kindes bewusst, sind sie oft schnell bereit, selbstständig eine Lösung zu finden. Kommen die Kinder selbst auf keine Lösung, können Sie ihnen Vorschläge machen.

Tipp:
Zu einer Konfliktlösung trägt vor allem auch eine gewaltfreie Kommunikation bei, also die sogenannte *Giraffensprache*. Viele Informationen und Tipps dazu finden Sie im Internet.

Kopiervorlage Bildkarten „Gefühle“

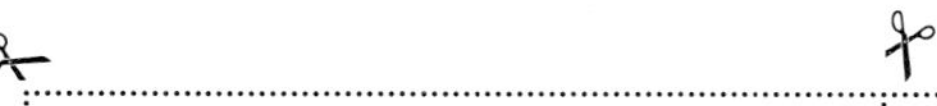

Trauer

Wut

Frust

Scham

Überraschung

Angst

Langeweile

Zufriedenheit

Fröhlichkeit